职业教育"十三五"改革创新规划教材

汽车故障诊断技术

赵玉梅 主　编

张帅武 副主编

清华大学出版社
北　京

内 容 简 介

本书按照"任务驱动"的模式进行编写,每个项目采用"项目要求—项目载体—项目链接—相关技能—知识与技能拓展—诊断案例"的结构编写。内容涵盖了汽车发动机、底盘和综合故障等常见故障的诊断,内容精练、言简意赅、浅显易懂。

本书共分 3 个模块,17 个项目。主要内容包括起动系统的故障诊断、点火系统的故障诊断、汽油机供给系统的故障诊断、怠速不良的故障诊断、发动机加速不良或动力不足的故障诊断、发动机润滑不良的故障诊断、发动机冷却不良的故障诊断、发动机排放异常的故障诊断、离合器工作不良的故障诊断、变速器工作不良的故障诊断、驱动桥工作不良的故障诊断、汽车转向系统的故障诊断、制动效能不良的故障诊断、汽车行驶系统的故障诊断、ABS 的故障诊断、汽油机不能起动或起动困难的故障诊断和汽车行驶跑偏的故障诊断。

本书可作为高等职业院校汽车类专业的教材,也可作为汽车行业岗位培训教材和汽车维修人员的自学用书。

图书在版编目(CIP)数据

汽车故障诊断技术/赵玉梅主编.—北京:清华大学出版社,2017 (2021.7 重印)
(职业教育"十三五"改革创新规划教材)
ISBN 978-7-302-46784-7

Ⅰ.①汽… Ⅱ.①赵… Ⅲ.①汽车-故障诊断-高等职业教育-教材 Ⅳ.①U472.42

中国版本图书馆 CIP 数据核字(2017)第 052783 号

责任编辑:刘士平
封面设计:傅瑞学
责任校对:袁 芳
责任印制:丛怀宇

出版发行:清华大学出版社
      网　　　址:http://www.tup.com.cn,http://www.wqbook.com
      地　　　址:北京清华大学学研大厦 A 座　　　　　邮　　编:100084
      社 总 机:010-62770175　　　　　　　　　　　邮　　购:010-62786544
      投稿与读者服务:010-62776969,c-service@tup.tsinghua.edu.cn
      质量反馈:010-62772015,zhiliang@tup.tsinghua.edu.cn
      课件下载:http://www.tup.com.cn,010-62770175-4278

印 装 者:三河市龙大印装有限公司
经　　销:全国新华书店
开　　本:185mm×260mm　　　印　张:13.25　　　字　数:299 千字
版　　次:2017 年 5 月第 1 版　　　　　　　　　印　次:2021 年 7 月第 3 次印刷
定　　价:39.00 元

产品编号:073163-02

前言

随着我国改革开放日益深入，国民经济得到较快发展，人民生活得到逐步改善，汽车正以前所未有的速度进入平常百姓家庭。目前，我国汽车的年产量、销量、保有量均居世界前列，汽车市场的发展速度令世人瞩目。

汽车电子技术的飞速发展，给汽车维修业带来了前所未有的冲击。汽车产品中大量采用电子技术，引起了汽车维修技术划时代的变革。传统的维修技术对当代的汽车维修已经无从下手。时代在召唤新型的汽车故障诊断技术、维护修理技术，即新的诊断维修观念、新的检测方式和新的维修方法，同时也在召唤新型的汽车维修技术培训模式以及相关教材。

本书的主要特点：汽车故障诊断以典型故障案例作为出发点，综合运用仪器诊断和人工诊断方法，以阐述故障诊断思路为重点；汽车维修以汽车维护作业中各关键部位的检查、调整操作技术，主要零部件及总成检修方法，各总成件的装配为重点；根据汽车电子技术的发展情况，书中介绍了发动机、底盘和汽车综合故障等的故障诊断和维修内容；根据现代汽车维修以换件为主的情况，精简了汽车故障诊断理论部分，突出了实际操作技术的内容。

本书注重理论和实际相结合，具有较强的实用性和针对性，重点讲解了汽车故障诊断和维修的诊断流程和方法，内容具有普遍性，每个项目配有案例分析和相关图表，具有较强的可读性。本书可作为高等职业院校汽车类专业的教材，也可作为汽车行业岗位培训教材和汽车维修人员的自学用书。

本书建议学时为 124 学时，具体分配见下表。

模　　块	项　　目		参　考　学　时	
模块 1　汽车发动机故障诊断	项目 1.1　起动系统的故障诊断	8		56
	项目 1.2　点火系统的故障诊断	8		
	项目 1.3　汽油机供给系统的故障诊断	8		
	项目 1.4　怠速不良的故障诊断	8		
	项目 1.5　发动机加速不良或动力不足的故障诊断	6		
	项目 1.6　发动机润滑不良的故障诊断	6		
	项目 1.7　发动机冷却不良的故障诊断	6		
	项目 1.8　发动机排放异常的故障诊断	6		

续表

模　　块	项　　目	参考学时	
模块 2　汽车底盘故障诊断	项目 2.1　离合器工作不良的故障诊断	8	52
	项目 2.2　变速器工作不良的故障诊断	8	
	项目 2.3　驱动桥工作不良的故障诊断	6	
	项目 2.4　汽车转向系统的故障诊断	8	
	项目 2.5　制动效能不良的故障诊断	8	
	项目 2.6　汽车行驶系统的故障诊断	8	
	项目 2.7　　ABS 的故障诊断	6	
模块 3　汽车综合故障诊断	项目 3.1　汽油机不能起动或起动困难的故障诊断	8	16
	项目 3.2　汽车行驶跑偏的故障诊断	8	
合　　计		124	

　　本书由唐山工业职业技术学院赵玉梅主编。张帅武担任副主编,参加编写工作的还有文敏飞、田传臣、陈婧慧等。

　　本书在编写的过程中,参考了大量文献资料,在此向有关作者、编者表示诚挚的感谢。

　　由于编者水平有限,书中不妥或错误之处在所难免,恳请读者批评、指正。了解更多教材信息,请关注微信订阅号：Coibook。

编　者

2017 年 2 月

目 录
CONTENTS

模块 1

汽车发动机故障诊断

项目 1.1　起动系统的故障诊断

项目要求

（1）能通过与客户交流、查阅相关维修技术资料等方式获取车辆信息。

（2）通过查阅资料和观摩，掌握发动机起动系统的组成。

（3）掌握发动机起动系统诊断流程。

（4）能根据环保要求，妥善处理辅料、废弃液体和损坏零部件。

项目载体

1. 故障案例

一辆普通型桑塔纳 2000 型轿车，在行驶大约 60000 千米后，起动无力，不能运行，送厂维修。

2. 故障分析

发动机在静止状态运转起来，迅速达到稳定运行状态的过程称为起动。

发动机的起动条件：蓄电池的静止电压不低于 12V，正、负极柱（搭铁端子接触不良时会发烫）应接触良好，起动有力；起动机、起动继电器和起动电路连接良好；燃料供给系统畅通，空燃比适当，能够提供起动需要的加浓可燃混合气；点火系统良好，点火能量足够。另外，发动机技术状态良好，汽缸不漏气，有足够的压缩比使发动机能够连续运转。

如果不能满足上述条件，发动机便无法起动或起动困难。

一、相关知识

1. 起动系统的组成及工作原理

起动系统一般由起动机、蓄电池、起动继电器、点火开关等组成,桑塔纳 2000 型轿车发动机起动系统的组成如图 1-1-1 所示。

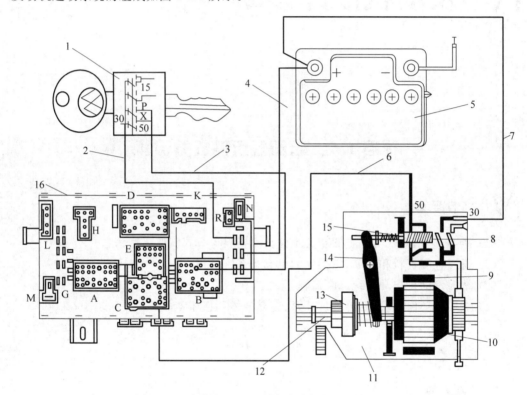

图 1-1-1　桑塔纳 2000 型轿车发动机起动系统的组成

1—点火开关;2、4—红色导线;3、6—红黑色导线;5—蓄电池;7—黑色导线;8—电磁开关;9—定子;10—电枢;11—起动机总成;12—驱动齿轮;13—滚柱式单向离合器;14—移动叉;15—回位弹簧;16—中央线路板

点火开关接通后,起动机上的电磁吸拉开关拉动移动叉 14,同时拨动驱动齿轮 12 和发动机飞轮齿圈啮合,并接通起动电缆,开始起动。

起动时应该有声音,若无反应,则检查电源系统,如正、负极柱处是否接触不良,手感极柱处是否有发烫的感觉。

2. 起动机控制装置

起动机控制装置的作用是控制电动机电路的通断及驱动齿轮与飞轮齿圈的啮合与分离,桑塔纳轿车采用的是电磁式控制开关,起动机控制装置如图 1-1-2 所示。

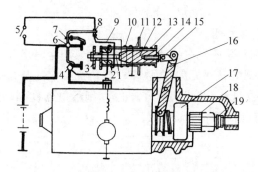

图 1-1-2　起动机控制装置

1—推杆；2—固定铁心；3—开关触点；4—起动机端子 C；5—点火起动端子；6—起动机端子 30；7—起动机端子 15a；8—起动机端子 50；9—吸拉线圈；10—保持线圈；11—铜套；12—活动铁心；13—回位弹簧；14—调节螺钉；15—挂钩；16—移动叉；17—单向离合器；18—驱动齿轮；19—止推垫圈

　　QD1225 型和 QD1229 型起动机电磁开关盖板上各接线端子的位置如图 1-1-3 所示，端子 50 和端子 15a 均为插片式单端子，端子 15a 为备用端子，未插任何导线。

二、故障检测与诊断

　　起动系统常见故障为起动机不转，起动机运转无力和起动机空转。起动系统常见故障部位为蓄电池正负极柱接头和搭铁线搭铁接头、起动机、点火开关和起动继电器。

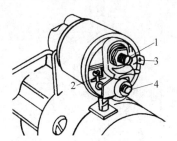

图 1-1-3　电磁开关端子位置
1—端子 30；2—端子 15a；
3—端子 50；4—端子 C

1. 起动机不转

（1）故障现象

接通起动开关，起动机不转动。

（2）故障主要原因及处理方法

起动机不转的主要故障原因为蓄电池故障（无电或极柱接触不良）、电动机故障（磁场连线断路，电刷损坏）、电磁开关故障（线圈断线）、起动继电器故障等。

① 蓄电池存电不足或连接线头松动、脏污而接触不良。

② 起动开关接触点烧蚀或不能接触。

③ 起动机与继电器之间导线断路或接线松脱。

④ 继电器电磁线圈短路、断路或继电器触点烧蚀。

⑤ 电磁开关线圈短路、断路或接触盘接触不良。

⑥ 电枢轴弯曲变形，轴承过紧或烧蚀。

⑦ 起动机内部换向器表面脏污或烧蚀。

⑧ 起动机磁场绕组、电枢绕组短路、断路。

⑨ 起动机电刷磨损，弹簧过软，与换向器不相接触。

（3）故障诊断流程

① 检查蓄电池存电情况及连接线路有无故障时，开前照灯或按喇叭，若喇叭不响、灯不亮，表明蓄电池存电不足或接触不良，应予以修理或充电。若喇叭响或灯亮，表明电源良好。

② 判断故障在起动机还是在控制装置时，短接电磁开关上两个主接线柱端子 30 与端子 C。若起动机不转，则故障在起动机，应予以修理。若起动机转动，则起动机正常，故

障在电磁开关或起动机继电器。

③ 判断故障在电磁开关还是在起动继电器时,短接电磁开关的端子 30 与端子 50 接线柱,若起动机运转正常,则电磁开关良好,故障在起动机继电器及其连接线路。再短接起动继电器的点火锁和电源接线柱,若起动机运转正常,则继电器良好,故障在点火开关上。

起动机故障诊断流程如图 1-1-4 所示。

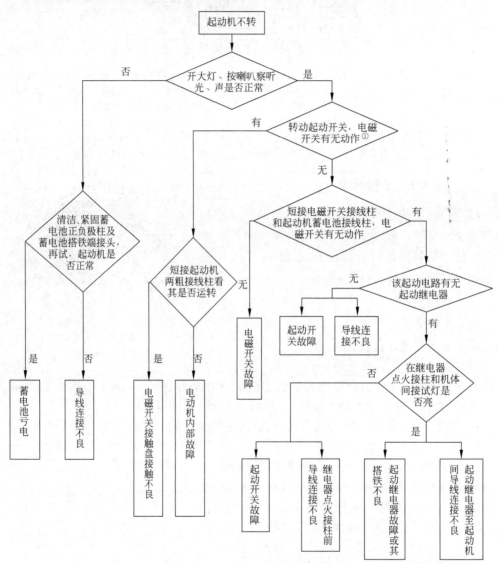

图 1-1-4 起动机故障诊断流程

说明:① 此项诊断可通过转动起动开关,听有无吸合撞击声,或用手摸电磁开关有无振动感来完成。

2. 起动机运转无力

(1) 故障现象

接通点火开关至起动挡时,起动机能转动,但转动无力,不能起动发动机。

（2）故障主要原因及处理方法

① 起动机电机损坏。更换起动机电机。

② 蓄电池电量不足。给蓄电池充电。

③ 蓄电池接线柱和搭铁接触不良。检修接线柱和搭铁。

④ 起动机电磁开关触点烧蚀或连接线路接触不良。更换起动机触点开关，检修连接线路。

（3）故障诊断流程

① 开前照灯、按喇叭，判断蓄电池是否亏电较多。必要时予以充电或更换。

② 检查起动电路各连接导线是否松动或搭铁，若有加以排除。

③ 短接起动机两个主接线柱，若电流很大、运转正常表明蓄电池到起动机电路良好，故障在电磁开关，应修复或更换。若仍无力，则故障可能在起动机内部，绕组有短路、搭铁处或换向器故障。

起动机运转无力故障诊断流程如图 1-1-5 所示。

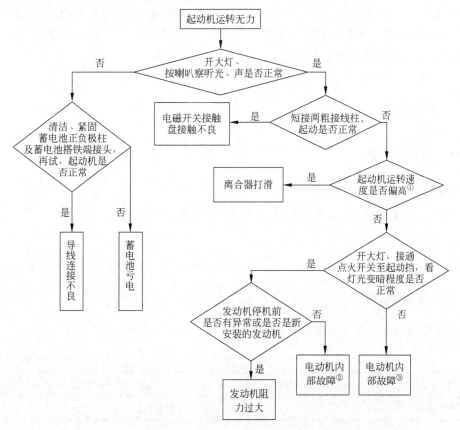

图 1-1-5　起动机运转无力故障诊断流程

说明：

① 起动机运转速度主要从声音上判断，如果起动机运转过程中有异响，则可能是电动机轴承磨损过大。

② 该类故障是电动机磁场、电枢绕组有短路故障或电动机轴承装配过紧，起动机安装位置不正确等故障。

③ 该类故障是电动机内部接触不良（如碳刷磨损过大，碳刷弹簧太软或整流器烧蚀脏污等）、磁场或电枢绕组有断路故障。

3．起动机空转

（1）故障现象

接通起动开关后，只有起动机快速旋转而发动机曲轴不转。

（2）故障主要原因及处理方法

这种情况表明起动机电路畅通，故障在于起动机的传动装置和飞轮齿圈等处。原因多为单向离合器打滑；若驱动齿轮与飞轮不能啮合且有撞击声，则可能由于驱动齿轮或飞轮齿环磨损过多或损坏以及电磁开关接触盘过早。

（3）故障诊断流程

① 若在起动机空转的同时伴有齿轮的撞击声，则表明飞轮齿圈牙齿或起动机小齿轮牙齿磨损严重或已损坏，致使不能正确啮合。

② 起动机传动装置故障有单向啮合器弹簧损坏、单向啮合器滚子磨损严重、单向啮合器套管的花键槽锈蚀等，这些故障会阻碍小齿轮的正常移动，造成不能正确啮合。

③ 有的起动机传动装置采用一级行星齿轮减速装置，其结构紧凑，传动比大，效率高。但使用中常会出现载荷过大而烧毁卡死。有的采用摩擦片式离合器，若压紧弹簧损坏，花键锈蚀卡滞或摩擦离合器打滑，也会造成起动机空转。

 相关技能

一、准备活动

1．准备设备

实训车一辆、蓄电池、带夹电缆线、起动机总成、常用拆装工具。

2．学生分组

每 5 名学生为一小组，实训时，4 名学生负责拆装检查，1 名学生负责工作过程记录。

二、实施内容

请将车辆基本信息填写在表 1-1-1 中。

表 1-1-1　车辆基本信息

车型		生产日期		制造厂	
车辆识别码			发动机型号		

1．起动机不转故障诊断

（1）在车上检查蓄电池的状况和电源导线连接情况。

可以按喇叭或开前照灯，若喇叭响声变小或前照灯灯光暗淡，说明蓄电池容量过低或电源导线接触不良。是□　否□

起动发动机,对蓄电池电压进行测量。其电压不应低于 9.6V。

测试电压值为:_____ V。

(2) 若蓄电池良好,应检查端子 50 的电压。若电压过低(<8V),应对蓄电池的正极线、搭铁线各接线柱及点火开关进行检查。若接线柱有脏污或松脱,应清洁或紧固;若点火开关损坏,应进行修理和更换。

(3) 若故障仍然存在,说明故障在起动机本身。此时,应进行起动机的性能测试(吸引和保持线圈测试等)或解体测试进行故障诊断和排除。电磁开关试验如下。

① 吸拉动作试验。

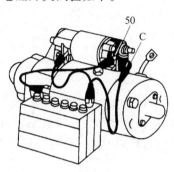

将起动机固定在台虎钳上,拆下起动机端子 C 上的励磁绕组电缆引线端子,用带夹电缆将起动机端子 C 和电磁开关壳体与蓄电池负极连接,如图 1-1-6 所示。用带夹电缆将起动机端子 50 与蓄电池正极连接,此时驱动齿轮应向外移动。如驱动齿轮不动,说明电磁开关有故障,应予以修理或更换。

② 保持动作试验。

保持动作试验是在吸拉动作的基础上,当驱动齿轮保持在伸出位置时,拆下电磁开关端子 C 上的电缆夹,如图 1-1-7 所示。此时驱动齿轮应保持在伸出位置不动,如驱动齿轮回位,说明保持线圈断路,应予以修理。

图 1-1-6　吸拉动作试验

③ 回位动作试验。

在保持动作的基础上,再拆下起动机壳体上的电缆夹,如图 1-1-8 所示。此时驱动齿轮应迅速回位,如驱动齿轮不能回位,说明回位弹簧失效,应更换弹簧或电磁开关总成。

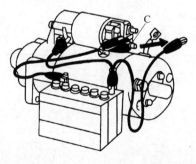
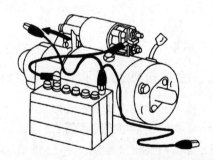

图 1-1-7　保持动作试验　　　　　图 1-1-8　回位动作试验

2. 起动机转动无力故障诊断

(1) 首先应检查蓄电池容量和电源导线的连接情况,确认蓄电池容量是否足够,线路连接是否良好。

检查结果:_____。

(2) 故障依然存在,要区分故障在起动机或发动机本身还是在端子 30 之前的电路,其方法是:用螺钉旋具短接起动机电磁开关的端子 30 和端子 C 两个接线柱。若短接后起动有力且运转正常,说明起动机电磁开关内主触点和接触盘接触不良;若短接后起动仍然无力,则可认为电动机有故障,需进一步拆检。故障可能是由主开关接触不良、电刷和换向器之间电阻过大或接触不良,单向离合器打滑等引起的。

检查结果:_____。

(3) 如果在接通起动开关后,起动机有连续的"咋啦"声,短接起动机电磁开关的两个主接线柱,起动机转动正常,说明电磁开关保持线圈断路或短路。

检查结果:_____。

3. 起动机空转故障诊断

(1) 起动机空转时,有较轻的摩擦声音,起动机驱动齿轮不能与飞轮轮齿啮合而产生空转,即驱动齿轮还没有啮合到飞轮轮齿中,电磁开关就提前接通,说明主回路的接触盘行程过短,应拆下起动机,进行起动机接通时刻的调整。

检查结果:_____。

(2) 起动机空转时,有严重的碰擦轮齿的声音,说明飞轮轮齿或起动机驱动齿轮严重磨损,应拆下起动机进一步检查,根据实际情况更换驱动齿轮或飞轮轮齿。

检查结果:_____。

(3) 起动机空转时,速度较快但无碰齿声音,说明起动机单向离合器打滑,即驱动齿轮已经啮入飞轮轮齿中,但不能带动飞轮旋转,只是起动机电枢轴在空转,应更换单向离合器总成。

检查结果:_____。

三、故障排除结果验证

(1) 检查起动机连线是否良好。
(2) 检查蓄电池电压是否符合标准。
(3) 起动机能正常运转。

 知识与技能拓展

起动系统故障的仪器诊断

1. 诊断参数

起动性能的好坏,主要取决于起动电流、蓄电池电压、起动转速以及起动系统其他零部件的技术状态。对起动系统检测时,通常在关闭车上所有能关闭的用电器的情况下接通起动机(点火开关置于起动挡位)。由起动机带动曲轴旋转时,测量蓄电池输出的总电流、蓄电池正负极柱间的电压和发动机曲轴转速三个参数,这三个参数一般分别简称为起动电流、起动电压和起动转速。

2. 测试方法

(1)起动发动机,预热至正常工作温度,蓄电池电解液温度在25℃。

(2)测试前的连接。将蓄电池电压拾取器的红夹、黑夹分别夹在蓄电池的正、负极,将起动电流拾取器夹在与蓄电池相连的电动机电流线上(起动电流拾取器箭头的指向应与电流的流向相同),如图1-1-9所示。并将转速传感器夹到指定的位置。

(3)测试过程。在汽油机测试菜单中用鼠标左键依次单击"起动电压、起动电流"图标,进入起动电压、起动电流测试界面。

(4)关闭车上所有能关闭的用电设备,用断火(或断油)的方法使发动机不着火,并将节气门全开。

(5)点火开关置于起动挡上,用起动机带动曲轴转动4~6s,系统即可自动检测起动电压、起动电流波形并显示发动机当前转速、蓄电池电压值、起动电压值、起动电流值。

(6)间隔30s以上再重复检测一次。

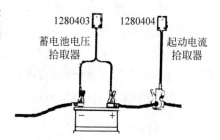

图1-1-9　起动系统测试前的连接

3. 分析诊断方法

起动系统正常工作时,一般12V电源系统的起动初始电压(U_B)≥12.0V,起动终止电压(U_E)≥9.6V,起动转速(n_S)应达到50~70r/min。起动电流因蓄电池和起动机配置不同而差异很大,每一车型的起动电流(I_B)和起动稳定电流(I_E)的实测值应符合该车型相关技术资料的规定。

起动系统检测常见异常情况及故障部位和原因分析见表1-1-2。

表1-1-2　起动系统检测常见异常情况及故障部位和原因分析

结果	诊断参数					故障原因
	U_B	U_E	I_B	I_E	n_S	
检测结果	偏低	偏低	偏小	偏小	偏低	蓄电池内部故障或亏电严重
	正常	偏低	正常	偏小	偏低	蓄电池存电不足
	正常	偏低	偏大	偏大	偏低	起动机内部短路或发动机阻力过大
	正常	正常	偏小	偏小	偏低	起动机内部短路或接触不良
	正常	正常	正常	波动过大	波动过大	电刷与换向器接触不良、电磁开关故障或各缸压力差异过大

一、故障现象

一辆普通型桑塔纳轿车,在行驶 16 万千米时,出现了起动机运转无力的现象。更换新的蓄电池后好转,可时间不长,起动机运转无力的故障再次出现。

二、故障检查

经查起动线路、起动机继电器、起动机开关等均无异常。将起动机解体后,发现起动机两端轴套磨损严重,与轴颈配合间隙过大,起动机工作时,导致转子与定子发生碰擦(有痕迹),即"扫膛"现象。更换轴套后装复,进行空载试验无异常。可是在起动发动机时,仍运转无力。再次拆检起动机,发现电枢线圈的扁铜线与换向器(整流子)铜片间焊锡不正常,有焊锡被甩出的痕迹。经与新电枢相比较,确为焊锡被甩出。

三、故障分析

起动机在使用中,两端轴套与轴颈本身存在着正常磨损。若因缺少润滑脂,将使其磨损加剧,最终将因配合间隙过大,使起动机电枢在运转中发生"扫膛",而出现起动机运转无力的现象。当"扫膛"现象出现后,可能出现两种情况:一是起动机运转时,需输出很大的转矩,增大工作电流,导致电枢发热;二是"扫膛"使转子与定子碰擦,导致电枢发热。两种因素叠加,电枢绕组的扁铜钱与换向器铜片间的焊锡将因过热熔化而甩出,从而增加了起动机内阻,减小了电枢的转矩,导致起动机运转更无力。

四、故障排除

对电枢绕组、每槽内的扁铜线与换向器间的焊点重新焊接(技术要求较高,各焊点间决不能有丝毫搭连),装复后起动发动机轻松有力。

项目 1.2   点火系统的故障诊断

(1) 能通过与客户交流、查阅相关维修技术资料等方式获取车辆信息。

(2) 通过查阅资料和观摩,掌握发动机点火系统的组成。

(3) 掌握发动机点火系统故障诊断流程。

(4) 能根据环保要求,妥善处理辅料、废弃液体和损坏零部件。

项目载体

1. 故障案例

一辆桑塔纳 2000 型轿车,在怠速时,偶有回火、放炮现象,中高速时回火、放炮现象明显加重,送厂检修。

2. 故障分析

发动机可燃混合气即空燃比正常时,若发生回火、放炮等现象,大多是由于点火系统故障造成的。

如点火不正时,正时齿轮、正时带,以及分电器触发机构有故障所致。

另外,点火系统工作不良,将严重影响发动机的动力性能、经济性能和排放性能。

项目链接

一、相关知识

1. 点火系统的作用与要求

(1)点火系统的作用

点火系统的作用是将汽车的低压电变为高压电,并适时送到点火缸火花塞,击穿火花塞间隙,点燃混合气,使发动机做功。

(2)发动机对点火系统的要求

① 能产生足以击穿火花塞两电极间隙的高压电。

② 电火花应具有足够的点火能量。

③ 点火时间应与发动机的工况相适应。

2. 发动机点火系统类型

(1)传统点火系统

传统点火系统一般由蓄电池、断电器、分电器、点火线圈、附加电阻、电容器和火花塞等组成。传统点火系统工作原理如图 1-2-1 所示。

传统点火系统由于产生的高压电电压比较低、高速时工作不可靠、需要经常检查和维护等缺点,目前已淘汰。

(2)电子点火系统

电子点火系统一般由蓄电池、点火线圈、点火信号发生器、点火器、分电器、火花塞和点火开关等组成,桑塔纳轿车发动机电子点火系统组成如图 1-2-2 所示。点火系统连线图如图 1-2-3所示。

(3)微机控制点火系统

微机控制点火系统主要由各类传感器、发动机控制器 ECU 和点火执行器三部分组

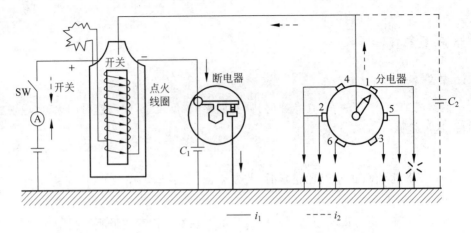

图 1-2-1　传统点火系统工作原理

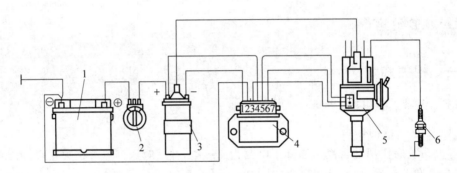

图 1-2-2　电子点火系统的组成

1—蓄电池；2—点火开关；3—点火线圈；4—点火控制器；5—内装霍尔信号发生器的分电器；6—火花塞

成，如图 1-2-4 所示。

二、故障检测与诊断

点火系统常见故障为发动机不能起动或起动困难，个别缸不点火，点火时间不当，点火错乱等。

点火系统故障常见部位为火花塞、分电器、电子点火器、点火线圈等。

1. 发动机不能起动或起动困难

（1）故障现象

发动机在行驶途中突然熄火；起动机带动曲轴运转速度正常，但不能起动或起动困难；火花塞湿润。

（2）故障主要原因及处理方法

① 火花塞潮湿。清洗、烘干或更换火花塞。

② 点火器故障。检查或更换点火器。

③ 点火信号发生器性能不良。检修或更换点火信号发生器。

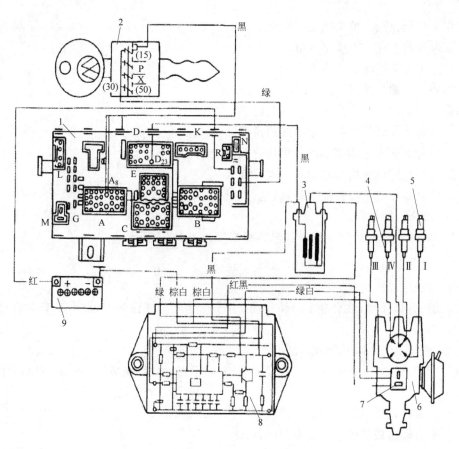

图 1-2-3 点火系统连线图

1—中央线路板；2—点火开关；3—点火线圈；4—高压导线；5—火花塞；
6—分电器；7—霍尔传感器；8—点火控制器；9—蓄电池

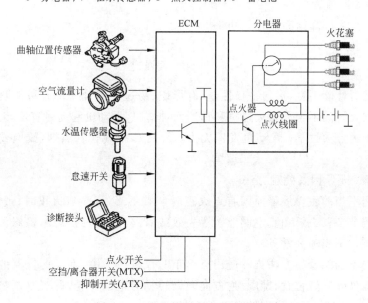

图 1-2-4 微机控制点火系统的组成

④ 断电器故障。检修或更换断电器。

⑤ 电容器击穿。更换电容器。

⑥ 点火开关损坏。更换点火开关。

⑦ 点火线圈断路、短路。更换点火线圈。

⑧ 线路连接不良或搭铁。检修线路。

⑨ 保险丝松动或熔断。紧固或更换保险丝。

⑩ 分火头或分电器盖漏电。更换分火头或分电器盖。

⑪ 分缸线漏电或内部断裂。更换分缸线。

⑫ 中央高压线绝缘性能下降,漏电。更换中央高压线。

（3）故障诊断流程

发动机不能起动或起动困难故障诊断流程如图 1-2-5 所示。

2. 个别缸不点火

（1）故障现象

发动机运转不稳,在怠速下机体抖动;排气管冒黑烟或白烟,并发出有节奏的"突突"声或放炮声。

（2）故障主要原因及处理方法

① 个别汽缸的火花塞绝缘体破裂、电极间隙不当、油污、积炭。检修或更换损坏的火花塞。

② 分缸高压线脱落或漏电。检修或更换分缸高压线。

③ 分电器盖破裂漏电。更换分电器盖。

④ 断电器触点烧蚀或间隙不均匀。调整或更换断电器。

⑤ 点火线圈老化。更换点火线圈。

（3）故障诊断流程

个别缸不点火故障诊断流程如图 1-2-6 所示。

3. 点火时间不当

（1）故障现象

发动机动力性能不良,运转平稳性差,有爆燃、易过热的现象都有可能是点火时间不当引起的。点火时间不当分点火过早和过迟两种情况,发动机起动时有反转,怠速和急加速时有爆燃则为点火过早;发动机发闷无力,易过热,排气管冒黑烟,放炮或进气回火则为点火过迟。

（2）故障主要原因及处理方法

点火时间不当的主要故障原因有点火正时调整不当,调整点火正时;分电器上点火提前角离心调节装置失效和真空调节装置失效或管路连接密封不良,检修调节装置。其中点火正时调整不当最为常见。

点火时间不当的诊断方法推荐使用点火正时仪进行检测,在无此仪器的情况下可人工调整分电器外壳安装位置,即顺、逆方向微微转动分电器外壳,并观察调整对发动机的运行性能的影响,直到发动机有轻微爆震为好。

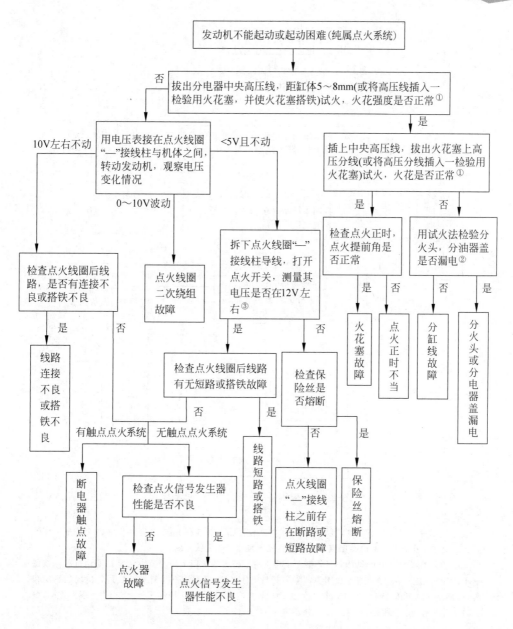

图 1-2-5　发动机不能起动或起动困难故障诊断流程

说明：

① 区别点火系统高、低压电路故障最简便实用的方法就是分电器中央高压线试火法,正常火花颜色发白或浅蓝或紫色(阻尼导线),且跳火时伴有清脆有力的"啪啪"声。分缸线试火的正常情况也是如此。

② 判断分火头或分电器盖绝缘性能的试火方法：将分火头或分电器盖放在机体上,将点火线圈的高压线置于分火头导线或分电器盖旁电极 2～3mm,短促起动发动机(转 2～5 转即可)或用手分开闭合着的断电器,如无火花,则其绝缘性能良好；如有火则说明其绝缘损坏而漏电。

③ 初级电路的断路部位检查常用逐点试灯法进行,即用一直流试灯,一端搭铁,一端与检查部位相连,观察试灯亮暗情况判断该检查部位通电情况。如：在点火开关接通,试灯检测端与点火线圈"+"接线柱相连,试灯亮表明该接线柱前无断路情况,若暗则说明其前方线路有断路故障。

特别提醒,对电子点火系统禁用传统的逐点搭铁检查法。

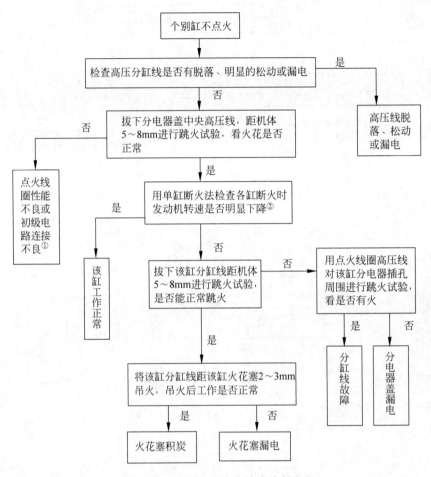

图 1-2-6　个别缸不点火故障诊断流程

说明：

① 点火系统技术状态不良,可能导致技术状态较差的个别缸不工作,甚至产生多缸交替不工作的现象。有触点点火系统断电器触点和电容器性能不良也会引起火花弱。

② 单缸断火法是诊断具体不工作缸或工作不良缸位置的常用手段。其方法是在发动机怠速或低速下运转时,拔下某缸火花塞上的分缸线并使其与机体短路,观察该操作对发动机运转情况的影响程度,以确定该缸工作情况。如某缸短路后,发动机转速有明显下降,平稳性明显变差,故障现象加剧,则该缸工作良好,反之则该缸不工作或工作不良。

4. 点火错乱

(1) 故障现象

发动机起动困难,起动后工作不稳,伴有化油器回火,排气管放炮和爆燃等现象。

(2) 故障主要原因及处理方法

点火错乱故障原因是各分缸高压线相对位置搞错或分电器盖绝缘不良漏电。一般诊断时检查各分缸线是否沿分火头转动方向按点火顺序排列,如顺序不对应重新排列;若顺序正确,则应检查分电器盖是否潮湿或有裂纹。若无则进行分电器盖跳火或用新分电器盖进行对比试验,若分电器盖漏电则应更换。

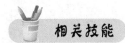 相关技能

一、准备活动

1. 准备设备

实训车一辆、点火正时仪、常用维修工具。

2. 学生分组

每5名学生为一小组,实训时,4名学生负责检查诊断,1名学生负责工作过程记录。

二、实施内容

个别缸不点火故障诊断过程如下。

1. 填写车辆基本信息

请将车辆基本信息填写在表1-2-1中。

表1-2-1　车辆基本信息

车型		生产日期		制造厂	
车辆识别码			发动机型号		

2. 进行基本检查

(1) 起动发动机,同时对蓄电池电压进行测试,其电压不应低于9.6V。

测试的电压值:＿＿＿＿＿＿＿＿＿＿＿V。

(2) 用故障诊断仪读取发动机故障码及相关数据流,填入表1-2-2。

表1-2-2　故障码

故障码编号	故障码描述	备 注

相关数据流信息:＿＿＿＿＿＿＿＿＿＿＿＿＿＿＿＿＿＿＿＿＿＿＿＿＿＿＿＿＿＿＿＿＿＿

＿＿＿

＿＿＿

＿＿＿

对故障码及数据流进行分析,初步确定故障部位为＿＿＿＿＿＿＿＿＿＿＿＿＿＿＿＿。对相关部位进行检查,排除故障。

3. 故障诊断与排除方法

（1）检查高压分缸线是否有脱落、明显的松动或漏电。

检查结果：＿＿＿＿＿＿＿＿＿＿＿＿＿＿＿＿＿＿＿＿＿＿＿＿。

（2）拔出分电器盖中央高压线，距机体 5～8mm 进行跳火试验，看火花是否正常。

检查结果：＿＿＿＿＿＿＿＿＿＿＿＿＿＿＿＿＿＿＿＿＿＿＿＿。

（3）用单缸断火法检查各缸断火时发动机转速是否明显下降。

检查结果：＿＿＿＿＿＿＿＿＿＿＿＿＿＿＿＿＿＿＿＿＿＿＿＿。

（4）拔出该缸分缸线，距机体 5～8mm 进行跳火试验，检查是否能正常跳火。

检查结果：＿＿＿＿＿＿＿＿＿＿＿＿＿＿＿＿＿＿＿＿＿＿＿＿。

（5）检查火花塞积炭情况。

检查结果：＿＿＿＿＿＿＿＿＿＿＿＿＿＿＿＿＿＿＿＿＿＿＿＿。

三、故障排除结果验证

（1）检查各传感器、执行器是否安装可靠，导线连接是否良好。

（2）再次读取故障码，应无任何故障码，否则按故障码所示故障进行排除。

（3）检查发动机冷却液、润滑油是否符合标准。

（4）检查蓄电池电压是否符合标准、连接情况是否良好。

（5）起动发动机，若发动机运转平稳，说明故障已排除。

故障排除验证结果：＿＿＿＿＿＿＿＿＿＿＿＿＿＿＿＿＿＿＿＿＿。

 知识与技能拓展

一、ANQ 型发动机点火系统概述

ANQ 型发动机点火系统是电子控制燃油喷射系统的一个子系统，由一个电控单元 ECU 控制。ANQ 型发动机点火系统主要由点火线圈、火花塞、爆震传感器、霍尔传感器等组成，其结构如图 1-2-7 所示。

1. 点火系统主要技术数据

ANQ 型发动机点火系统主要技术数据见表 1-2-3。

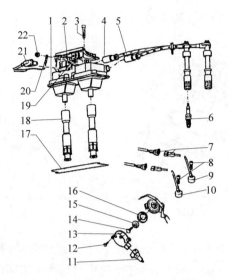

图 1-2-7 电控点火系统零部件图

1—点火线圈(N128);2—锁紧装置;3—螺栓;4—1缸火花塞插头;5—2缸火花塞插头;6—火花塞(拧紧力矩为30N•m);7—三针插接头;8—螺栓(拧紧力矩为20N•m);9—爆震传感器1(G61);10—爆震传感器2(G66);11—三针连接插头;12—螺栓(拧紧力矩为10N•m);13—霍尔传感器(G40);14—螺栓(拧紧力矩为25N•m);15—垫片;16—罩壳;17—密封垫;18—3、4缸火花塞插头;19—连接螺栓;20—接地线;21—5针连接插头;22—螺母(拧紧力矩为6N•m)

表 1-2-3 点火系统主要技术数据

发动机标识字母	ANQ
点火顺序	1-3-4-2
火花塞 VW/Audi	101 000 051 AA
制造商标记	F 7 LTCR
VW/Audi	101 000 033 AA
制造商标记	BKUR 6 ET-10
VW/Audi	101 000 041 AC
制造商标记	14 FGH-7 DTURX
火花塞间隙	0.9~1.1mm
旋紧扭矩	30N•m

2. 点火系统维修时的注意事项

（1）发动机在运行中或在起动时,点火系统的导线不能碰触或拔下。喷油系统和点火系统的导线仅在点火开关关闭时才能连接或拔下。

（2）如果发动机只是运转,但不需要发动,比如在压缩检查中,应将点火线圈的功率终端极的插头拔下,如图1-2-8所示。

二、ANQ 型发动机点火系统主要零部件的检查

1. 霍尔传感器的检修

检查条件：蓄电池电压至少为 11.5V。

（1）拔下霍尔传感器的三针插头，如图 1-2-9 所示。

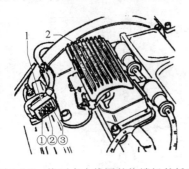 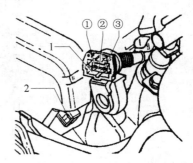

图 1-2-8·拔下点火线圈的终端极的插头　　　　图 1-2-9　拔下霍尔传感器的插头
1—三针插头；2—点火线圈的终端极　　　　　　1—三针插座；2—霍尔传感器

（2）用万用表连接插座的端子①和端子③，打开点火开关，测量其电压。其允许值至少为 4.5V。如果不在允许值范围内，检查控制单元到插座之间的导通性及导线之间是否相互短接。如在导线中未发现故障，且在三针插座端子①和端子③之间有电压，则更换霍尔传感器 G40；如果在导线中未发现故障，且在端子①和端子③之间无电压，则更换发动机 ECU。

2. 带功率终端极的点火线圈的检修

检查条件：蓄电池电压 11.5V；霍尔传感器正常；发动机转速传感器正常。

（1）将点火线圈的功率终端极②和三针插头拔下，用导线将万用表连接到中间的端子和接地点，打开点火开关，测量供电电压，其允许值至少为 11.5V。如无电压，检查控制单元和三针插座之间的导线是否导通及三针插座端子②和继电器板间是否导通。

（2）拔下喷油器插头及点火线圈终端极的三针插座，用辅助导线连接二极管灯 V. A. G1527 于端子①和接地点之间，起动电机，检查发动机控制单元的点火信号，二极管灯应当闪烁。如果不闪烁，检查相应的导线。如未找到导线的故障，而在端子②和接地点间有电压，更换发动机控制单元。如果电压和动作控制正常，更换带功率终端极的点火线圈。

3. 爆震传感器的检修

检查条件：自诊断系统能识别一个或两个爆震传感器上的故障。

（1）拔下爆震传感器 1（G61）或爆震传感器 2（G66）的三针插头，如图 1-2-10 所示。

（2）在爆震传感器插头上测量端子①和②、端子①和③、端子②和③的电阻，其阻值应为无穷大。

（3）检查控制单元至三针插座之间导线的导通性及导线之间是否有短接。如导线中无故障，松开爆震传感器，并重新以 20N·m 扭矩旋紧。

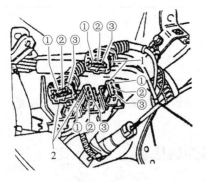

图 1-2-10　拔下爆震传感器的三针插头
1—爆震传感器 1（G61）；2—爆震传感器 2（G66）

进行一次试车行驶后,然后查询故障存储器是否有故障码,若仍有故障,更换爆震传感器。

诊断案例

一、故障现象

一辆桑塔纳轿车在高速公路上行驶,发动机突然熄火,上下活动一下加速踏板,发动机又起动运转,车辆恢复正常行驶。

二、故障检查处理

由于上述故障现象的出现不是很频繁,而且在怠速和加速时又没有发现此故障,因此,没有十分注意。可是,过了一段时间,行车途中发动机又自动熄火。重新起动时,有时能够着车,而刚起步却又熄火,车辆无法正常行驶。

起动发动机检查,怠速运转时比较正常,没有发现故障。慢慢提高发动机转速,在1800～2200r/min 时转速表来回摆动不稳,发动机工作也不正常。踏油门进行升降速试验时,发动机有时正常,有时不正常,而且转速在1800～2200r/min 时最为严重。

由于转速信号来自点火系统的初级电路,而且出现故障时往往与节气门的急剧变动有关,因此,断定故障出自分电器的离心或真空提前调节装置。卸下分电器盖,检查霍尔传感器,轻轻一动,霍尔集成块的引出线就从根部掉了下来。

三、故障原因及分析

(1)霍尔集成块的引线因长期受真空提前调节装置推拉作用而折断。

(2)霍尔集成块的引线及绝缘层在油污或清洗剂的作用下老化和腐蚀变质而折断。

(3)霍尔集成块的引线腐蚀、老化,在急剧变动节气门时,受到真空提前装置的猛烈推拉而折断。

四、故障排除

经检查,霍尔集成块的引线是在与霍尔集成块连接的根部折断。换装新霍尔集成块后试验,发动机运转正常。

项目 1.3　汽油机供给系统的故障诊断

项目要求

(1)能通过与客户交流、查阅相关维修技术资料等方式获取车辆信息。

(2)通过查阅资料和观摩,掌握发动机汽油机供给系统的组成。

(3)掌握汽油机供给系统诊断流程。

（4）能根据环保要求，妥善处理辅料、废弃液体和损坏的零部件。

项目载体

1. 故障案例

一辆桑塔纳 2000 型轿车，起动不着火，但是其点火系统并无故障，检查燃油供给系统，发现燃油泵在接通电源时听不到轻微的正常工作振动声音，所以初步认定油泵不工作。

2. 故障分析

如果点火系统工作正常起动系统完好且机械系统没有故障，但发动机不能起动时，就应该重点检查燃油供给系统。燃油供给系统包括供气、供油和废气排放。供气不畅一般影响发动机的怠速稳定性；排放不畅会影响发动机的功率发挥；而不能起动时，就应改首先检查油路，比如燃油泵是否正常工作。

项目链接

一、相关知识

电子控制燃油喷射系统是利用系统中各传感器将监测到的发动机运行参数（如空气流量、发动机转速、进气压力、进气温度、冷却液温度、排气中氧的含量等）转换成电信号，输入到发动机电子控制单元 ECU 中，ECU 根据这些信号，计算出喷油器的喷油时间，并接通喷油器电路，使喷油器喷油，从而对喷油器的喷油时刻、喷油量进行精确控制。

电子控制燃油喷射系统主要由空气供给系统和燃油供给系统两个子系统组成。

图 1-3-1 和图 1-3-2 所示分别为德国博世（Bosch）D 型多点燃油喷射系统和博世 L 型多点燃油喷射系统的结构。

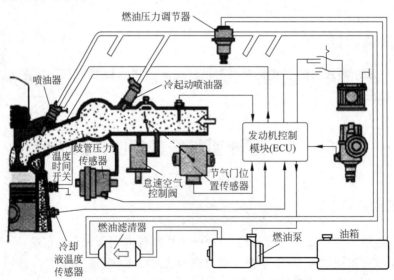

图 1-3-1 D 型多点燃油喷射系统的总体构造

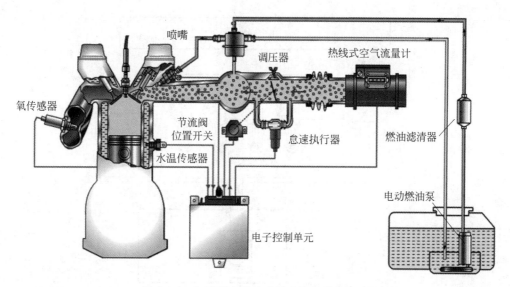

图 1-3-2　L 型多点燃油喷射系统的总体构造

　　汽油机电子控制燃油喷射系统一般由燃油箱、电子燃油泵、燃油滤清器、油压缓冲器（油压脉动缓冲器，可不装）、油压调节器、油轨（分配管）、喷油器、空气滤清器、进排气歧管和消音器等组成，如图 1-3-3 所示。桑塔纳 2000 型轿车电子控制燃油供给系统原理如图 1-3-4 所示。

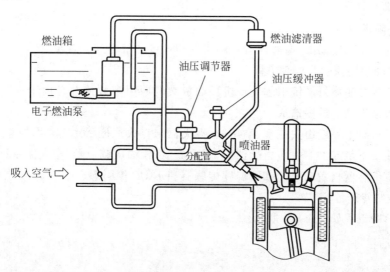

图 1-3-3　汽油机电子控制燃油喷射系统简图

　　汽油供给系统是将油箱的燃油过滤后，泵入油轨且维持 200～300kPa 的压力，在ECU 的控制下，定时定量给喷油器提供足够的经过真空压力调节的燃油，多余的燃油再流回油箱。燃油压力调节器根据进气歧管的进气压力，即发动机的负荷调节喷油压力。节气门开度大，即负荷大，进气歧管压力高，使回油量减少，油轨油压升高；反之，油轨油压降低。从而满足发动机负荷变化的需要。喷油器的喷油规律由发动机电控单元控制。

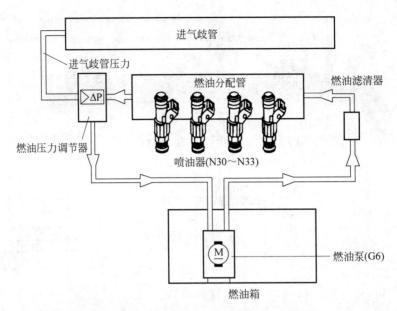

图 1-3-4　桑塔纳 2000 型轿车电子控制燃油供给系统原理

二、故障检测与诊断

1. 发动机耗油量大

（1）故障现象

发动机油耗明显偏高,有时伴有发动机性能不良和冒黑烟等现象。

（2）故障主要原因及处理方法

电子控制燃油喷射系统引起发动机耗油量大的原因多数情况是由于火花塞点火弱,缺火和喷油量不足或过多造成。

火花弱与缺火一般由火花塞、高压线、点火器与点火线圈等引起（可参考点火系统的内容）,喷油量不足或过多一般由燃油泵、燃油滤清器、油压调节器、空气流量计（或进气歧管绝对压力传感器）、发动机冷却液温度传感器和 ECU 等引起。

（3）故障诊断流程

故障诊断流程如图 1-3-5 所示。

2. 发动机进气回火

（1）故障现象

发动机工作不正常,迅速增加节气门开度时进气管有回火,加速无力。

（2）故障主要原因及处理方法

如果混合气过稀,混合气的燃烧速度下降,燃烧火焰会延续到下一次进气门打开,使进气歧管内的可燃混合气燃烧,造成进气管内有回火现象。

（3）故障诊断流程

故障诊断流程如图 1-3-6 所示。

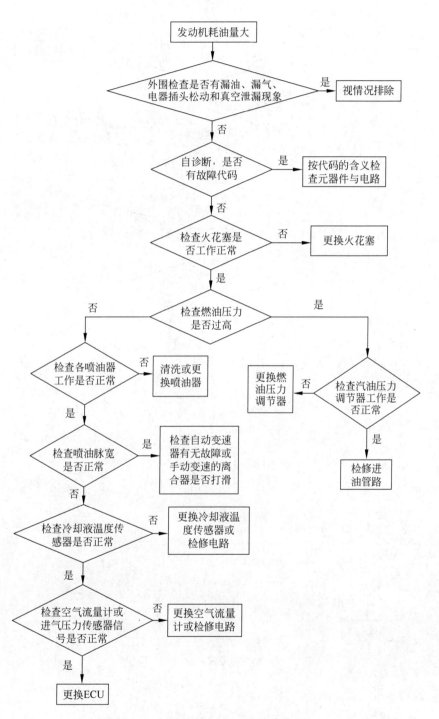

图 1-3-5 发动机耗油量大故障诊断流程

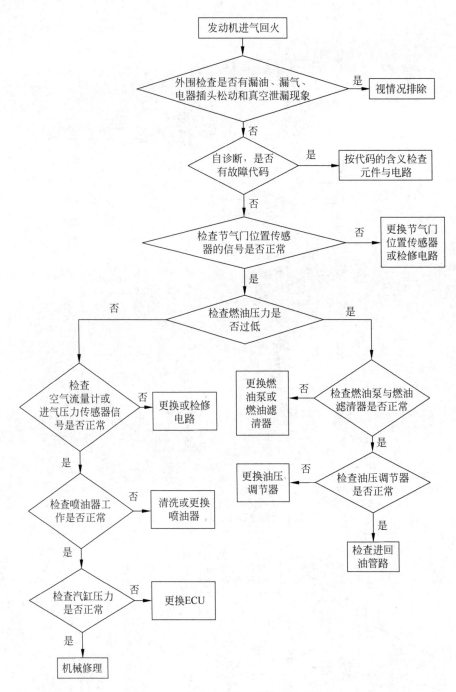

图 1-3-6　发动机进气回火故障诊断流程

3. 发动机排气管放炮

（1）故障现象

发动机工作不正常，排气管放炮，同时伴随有冒黑烟现象，发动机动力下降，油耗
增加。

（2）故障主要原因及处理方法

当可燃混合气的浓度过高或点火过迟时，混合气在做功行程未燃烧彻底，进入排气管后继续燃烧，并产生放炮声。

（3）故障诊断流程

故障诊断流程如图 1-3-7 所示。

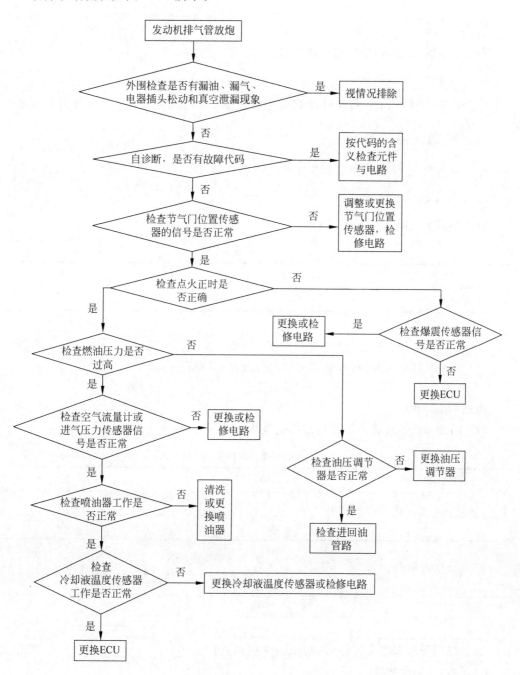

图 1-3-7　发动机排气管放炮故障诊断流程

相关技能

一、准备活动

1. 准备设备

实训车一辆、燃油压力表、常用维修工具。

2. 学生分组

每 5 名学生为一小组,实训时,4 名学生负责检查诊断,1 名学生负责工作过程记录。

二、实施内容

发动机油耗大、排气管冒黑烟故障诊断如下。

1. 填写车辆基本信息

请将车辆基本信息填写在表 1-3-1 中。

表 1-3-1   车辆基本信息

车 型		生产日期		制造厂	
车辆识别码			发动机型号		

2. 进行基本检查

(1) 起动发动机,同时对蓄电池电压进行测试,其电压不应低于 9.6V。

测试的电压值:_____ V。

(2) 用故障诊断仪读取发动机故障码及相关数据流,填入表 1-3-2。

表 1-3-2   故障码

故障码编号	故障码描述	备　　注

相关数据流信息:_____

_____

_____

_____

　　对故障码及数据流进行分析,初步确定故障部位为_____。对相关部位进行检查,排除故障。

（3）故障诊断与排除方法如下。

① 拆下空气滤清器，观察排气颜色。如排黑烟且情况好转，则故障是空气滤清器脏污或堵塞造成的，应清洗或更换空气滤清器滤芯。

检查结果：＿＿＿＿＿＿＿＿＿＿＿＿＿＿＿＿＿＿＿＿＿＿＿＿＿＿＿＿＿＿＿＿＿＿。

② 拔出中央高压线试火，如火花弱，则是点火能量不足导致混合气不能完全燃烧而排出黑烟，故障发生在点火系统的低压回路。

检查结果：＿＿＿＿＿＿＿＿＿＿＿＿＿＿＿＿＿＿＿＿＿＿＿＿＿＿＿＿＿＿＿＿＿＿。

③ 在发动机运转时，做各缸断火试验。若拔出某缸高压分线后，发动机无明显工作变化，则该缸不工作或工作不良，应检查高压分线的火花是否太弱。如火花弱，应检查点火线圈、高压分线、火花塞是否有故障。如火花正常，应检查汽缸压力是否过低。导致汽缸压力低的因素有活塞环卡滞或磨损、汽缸磨损、气门磨损等，应视情况进行修理、排除。

检查结果：＿＿＿＿＿＿＿＿＿＿＿＿＿＿＿＿＿＿＿＿＿＿＿＿＿＿＿＿＿＿＿＿＿＿。

④ 检查点火正时，如过迟应进行调整。

检查结果：＿＿＿＿＿＿＿＿＿＿＿＿＿＿＿＿＿＿＿＿＿＿＿＿＿＿＿＿＿＿＿＿＿＿。

⑤ 如汽车行驶时，随着车速的提高、加速踏板开度的加大，排气冒黑烟、放炮现象越来越严重，则拆下火花塞进行检查。如火花塞湿，则故障为混合气过浓造成的。

三、故障排除结果验证

（1）检查各传感器、执行器是否安装可靠，导线连接是否良好。

（2）再次读取故障码，应无任何故障码，否则按故障码所示故障排除。

（3）检查发动机冷却液、润滑油是否符合标准。

（4）检查蓄电池电压是否符合标准、连接情况是否良好。

（5）起动发动机，使发动机分别处于怠速工况、部分负荷工况、加速工况、大负荷工况和减速工况，不发生排气管冒黑烟、"发突"及"放炮"现象，说明故障已排除。

故障排除验证结果：＿＿＿＿＿＿＿＿＿＿＿＿＿＿＿＿＿＿＿＿＿＿＿＿＿＿＿＿＿＿。

 知识与技能拓展

通过检测发动机运转时燃油管路内的油压，可以判断电子燃油泵或油压调节器有无故障，燃油滤清器是否堵塞等。检测燃油压力时，应准备一个量程为1MPa的油压表及专用的油管接头，按下列步骤检测燃油压力。

一、油压表的安装

（1）将燃油系统卸压。起动发动机，在发动机运转时拔下电子燃油泵继电器（或拔下电子燃油泵电源插头），待发动机自行熄火后，再转动起动开关，起动发动机2～3次，燃油压力即可完全释放，然后将点火开关置于OFF位置，装上电子燃油泵继电器（或插上电子燃油泵电源接线）。

（2）拆下蓄电池负极搭铁线。

（3）安装燃油压力表（量程为1MPa）。燃油压力表一般安装于燃油滤清器的出油口或燃油分配管的进油口处，带测压口的车辆可将燃油压力表连接至测压口处。在拆卸油管时要用一块棉布包住油管接头以防燃油喷出，如图1-3-8所示。

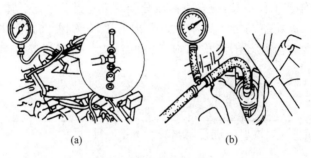

（a）　　　　　　　　　　　（b）

图1-3-8　油压表的安装

（4）擦干溅出的燃油，重新装复蓄电池负极搭铁线、电子燃油泵继电器和电子燃油泵导线插头。

二、测量静态油压

（1）用一根短导线将电子燃油泵的两个检测插孔（一般电控车上都有，如找不到可直接给电子燃油泵供电）短接。

（2）打开点火开关（但不要起动发动机），让电子燃油泵运转。

（3）测量燃油压力，其正常油压应为300kPa左右。如油压过高，应检查油压调节器；如油压过低，应检查电子燃油泵、燃油滤清器和油压调节器。

（4）拔掉电子燃油泵检测插孔的短接线，关闭点火开关并置于OFF位置。

三、测量燃油系统保持压力

测量静态油压结束5min后，再观察油压表指示的油压。此时的压力称为燃油系统保持压力，其值应为147kPa。若油压过低，应进一步检查电子燃油泵保持压力、油压调节器保持压力及喷油器有无泄漏。

四、测量运转时燃油压力

（1）起动发动机。

（2）让发动机怠速运转，测量此时的燃油压力，如图1-3-9（a）所示。

（3）缓慢开大节气门（踩下加速踏板），测量节气门接近全开时的燃油压力，如图1-3-9（a）

所示。

（4）拔下油压调节器上的真空软管，并用手堵住，如图1-3-9（b）所示。让发动机怠速运转，测量此时的燃油压力。该压力应和节气门全开时的燃油压力基本相等。

 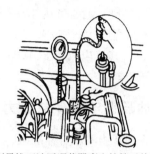

(a) 测量怠速及节气门全开时的燃油压力　　　　(b) 测量拔下油压调节器真空软管后的燃油压力

图 1-3-9　燃油压力的测量

不同车型燃油系统的压力各不相同，请参阅具体车型的维修手册。桑塔纳2000型轿车AJR发动机燃油系统技术数据见表1-3-3。

表 1-3-3　AJR 发动机燃油系统技术数据

怠速转速（不能调整）	(800±30)r/min	
断油（最高）转速	6400r/min	
怠速时燃油供给系统压力	不取下油压调节器真空管	(250±20)kPa
	取下油压调节器真空管	(300±20)kPa
熄火10min后燃油系统压力	不小于150kPa	
喷油器电阻值（30s喷油量78～85mL）	室温时电阻	13～18Ω
	发动机工作温度时电阻会增加4～6Ω	

注：喷油器在正常油压下，每分钟漏油不应多于2滴。

燃油供给系统压力不正常的原因见表1-3-4。

表 1-3-4　燃油供给系统压力不正常的原因

油压不足的原因	油压过高的原因
管接头或管子渗漏	
燃油滤清器太脏	燃油压力调节器损坏
燃油泵不良或蓄电池电压不足	
燃油压力调节器损坏	

五、测量电子燃油泵最大压力和保持压力

（1）将燃油系统卸压。

（2）拆下蓄电池负极搭铁线。

（3）将油压表接在燃油管路上，并将出油口塞住。

（4）接上蓄电池负极搭铁线。

（5）使用一根导线将电子燃油泵的两个检测插孔短接。

（6）将点火开关置于 ON 位置，持续 10s 左右（不要起动发动机），使电子燃油泵工作，同时读出油压表的压力，该压力称为电子燃油泵的最大压力。它应当比发动机运转时的燃油压力高 200～300kPa，通常可达 490～640kPa。如不符合标准值，应更换电子燃油泵。

（7）将点火开关置于 OFF 位置，5min 后再观察油压表的压力，此时的压力称为电子燃油泵的保持压力。其值应大于 340kPa。如不符合标准，应更换电子燃油泵。

（8）拆下油压表。

六、测量油压调节器保持压力

当燃油系统保持压力不符合标准值（＜147kPa）时，应做此项检查，以便找出故障原因。

（1）将燃油表接入燃油管路。

（2）用一根导线将电子燃油泵的两个检测插孔短接。

（3）将点火开关置于 ON 位置，并保持 10s 左右（不要起动发动机），使电子燃油泵运转。

（4）将点火开关置于 OFF 位置，拔去电子燃油泵检测插孔上的短接导线。

（5）用包上软布的钳子将油压调节器的回油管夹紧。

（6）5min 后观察燃油压力，该压力称为油压调节器保持压力。

七、油压表的拆卸

（1）释放燃油系统的油压。

（2）拆下蓄电池负极搭铁线。

（3）拆下油压表。

（4）重新装好油管接头。

（5）接好蓄电池负极搭铁线。

（6）建立燃油系统的油压。

（7）检查油管各处有无漏油。

诊断案例

一、故障现象

上海别克轿车（装用 V6 电控发动机），行驶时动力不足，加速不良。检查发动机，急速时严重抖动，急加速时进气管回火。

二、故障检查处理

首先清洁空气滤清器，更换火花塞和燃油滤清器，但故障依旧。然后将燃油喷射系统清洁剂用专用设备输送到进气歧管，起动发动机，对电喷装置进行自动清洗，仍未起作用。拆下喷油器，用专用设备清洗，效果也不明显。再拆下空气滤清器，用手堵住节气阀阀体的进气口滤网，以减少主通道的进气面积，使混合气变浓，结果急速变稳，加速不再回火，这说明故障是由混合气过稀引起的。

先测试燃油压力。将燃油压力表用三通接头接在燃油压力调节器和喷油器之间的油路上,起动发动机并改变转速,所测压力值在正常范围内。考虑到空气流量传感器是影响空燃比的重要因素,便拔下插头试验。拔下插头后,发动机能以稳定的怠速运转,加速性能也有所好转。随即从节气门阀体上拆下空气流量传感器检查,热线未断,但热线有积垢。

三、故障原因及分析

因该车长期在西北风沙较大的地区行驶,且使用中没有对空气流量传感器及时除尘而导致了该故障。

四、故障排除

用清洁剂直接清洗空气流量传感器,清洗后装复试验,故障排除。

五、故障点评

该故障是用手堵住节气阀阀体的进气口滤网,以减少主通道的进气面积,使混合气变浓,结果怠速变稳,加速不再回火,从而直接判定故障的直接原因是混合气过稀。同时又能联系当地风沙较大的气候因素,准确地诊断出故障的原因和部位,值得大家研习。

项目 1.4　怠速不良的故障诊断

项目要求

(1) 能按正确的操作规程进行故障诊断、排除,养成良好的安全文明操作意识。
(2) 能根据维修手册和其他资料分析发动机常见故障原因。
(3) 能在规定的时间内诊断发动机怠速不稳故障,排除并验证排除结果。
(4) 能主动获取信息,展示学习成果,对工作过程总结反思。
(5) 能用所学知识,为顾客正确使用保养发动机提出合理建议。

项目载体

1. 故障案例

一台桑塔纳 2000 GSi 型轿车,发动机怠速转速过高,有时为 900r/min,有时高达 1200r/min,并且伴有发动机怠速不稳。本项目的任务就是根据具体的怠速故障征兆,分析故障原因,查找并排除故障。

2. 故障分析

怠速通常是指节气门关闭,加速踏板完全松开,且发动机对外无功率输出并能保持最低转速的稳定运转工况。由于怠速时的进气量少,因此混合气数量以及点火时刻的轻微变化,都会对发动机怠速造成比较明显的影响。

在分析发动机的怠速故障时,除了考虑汽缸密封、混合气和点火时刻等因素外,还应考虑到怠速时的发动机负荷。

一、相关知识

1. 怠速控制的方法

怠速控制的实质就是对怠速工况下的进气量进行控制,而怠速进气量实际上是指发动机的最小进气量。电控燃油喷射式发动机的最小进气量有两种控制方式,一是通过执行元件改变节气门的最小开度来控制怠速进气量,即节气门直动式;二是通过执行元件控制怠速旁通气道的空气量来控制怠速进气量,即旁通空气式,如图 1-4-1 所示。

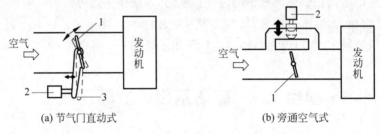

(a) 节气门直动式　　　　(b) 旁通空气式

图 1-4-1　怠速空气量的控制方式

1—节气门;2—怠速控制阀执行机构;3—节气门操纵臂

2. 怠速控制系统的组成

怠速控制就是 ECU 根据传感器检测的发动机状态参数确定目标转速,计算出目标转速与实际转速的差值,确定控制量,驱动怠速控制装置,改变进气量,使实际转速接近目标转速。

怠速控制系统主要由传感器、执行器和控制模块 ECM 组成,各组成部分及功用如图 1-4-2 和表 1-4-1 所示。

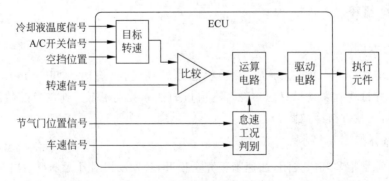

图 1-4-2　怠速控制系统的组成

表 1-4-1   怠速控制系统的组成及功用

组件		功能
传感器	曲轴位置传感器 CKP	检测发动机转速
	节气门位置传感器 TPS	检测发动机是否怠速工况
	冷却液温度传感器 ECT	检测冷却液温度
	起动开关信号 STA	检测发动机是否起动工况
	空调开关信号 A/C	检测空调是否工作
	空挡起动开关信号 P/N	检测变速器是否给发动机加载荷
	液力变矩器负荷信号	检测液力变矩器负荷变化
	动力转向开关信号 PS	检测动力转向是否工作
	发电机负荷信号	检测发电机负荷
	车速传感器 VSS	检测车速,判定发动机是否怠速工况
执行器	怠速控制装置	调节怠速进气量
ECU	控制元件	ECU

3. 节气门直动式怠速控制系统

节气门直动式怠速控制系统是通过直接控制节气门开启程度,调节节气门处空气流通截面,达到控制进气量,实现怠速控制的目的。桑塔纳 2000 GSi 型轿车 AJR 发动机采用节气门直动式怠速控制系统,由节气门组件 J338 对怠速进行综合控制,如图 1-4-3 所示。

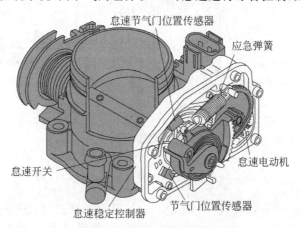

图 1-4-3   节气门控制组件 J338 的结构

节气门控制组件 J338 与发动机控制计算机 J220(ECM)的电路连接关系如图 1-4-4 所示。

节气门电位计 G69 安装在节气门轴上,与驾驶员操纵的加速踏板联动,它将节气门的开度转换为电信号输送给计算机,作为计算机判断发动机运转工况的依据。在配装自动变速器的汽车上,控制单元还要利用该信号来控制自动变速器。

4. 旁通空气式怠速控制系统

旁通空气式怠速控制系统主要由怠速控制阀(ISCV)、发动机 ECU、各种传感器、信号控制开关和节气门旁通气道等组成,如图 1-4-5 所示,其中,怠速控制阀装于绕过节气门的旁通气道。怠速时,节气门完全关闭,所有空气经由该旁通气道进入发动机,ECU 只

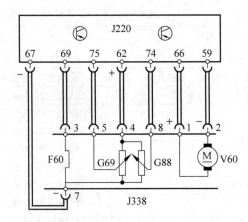

图 1-4-4 节气门控制组件 J338 与发动机控制计算机 J220（ECM）的电路连接关系

F60—急速开关；G69—节气门电位计；G88—急速节气门电位计；

J220—ECU；J338—节气门控制组件；V60—急速控制组件

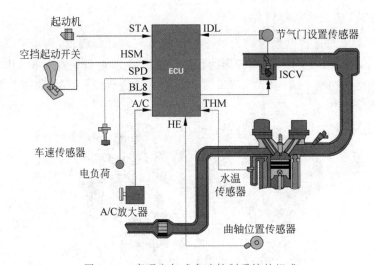

图 1-4-5 旁通空气式怠速控制系统的组成

要控制怠速控制阀的开度，即可控制旁通空气量，从而达到控制怠速转速的目的。

旁通空气式怠速控制系统常见的控制形式有：步进电机式、旋转滑阀式和线性脉冲电磁阀式。

（1）步进电机式怠速控制阀

步进电机式怠速控制阀由永磁转子、定子绕组总成和把旋转运动转换成直线运动的进给丝杠以及阀门等部分组成。步进电机的转子可在 ECM 的控制下，顺时针或逆时针旋转一定的角度，通过进给丝杠带动阀轴轴向移动，改变阀与阀座之间的截面积，进而调节流经节气门旁通气道的空气量，如图 1-4-6 所示。

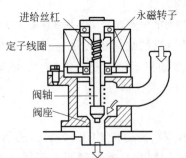

图 1-4-6 步进电机式怠速控制阀的结构

如图1-4-7所示,ECM按照一定的顺序使VT1~VT4三极管适时导通,分别向步进电机四个定子绕组供电、驱动步进电机旋转、调节旁通空气量来调节怠速转速。

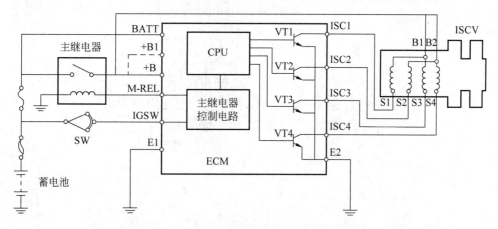

图1-4-7　步进电机式怠速控制系统原理电路

（2）旋转滑阀式怠速控制阀

旋转滑阀式怠速控制阀的结构和原理电路如图1-4-8所示。

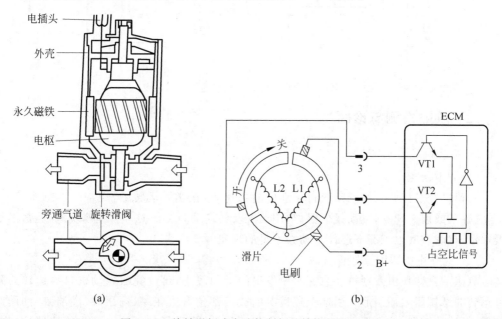

图1-4-8　旋转滑阀式怠速控制阀的结构和原理电路

（3）线性脉冲电磁阀式怠速控制阀

线性脉冲电磁阀式怠速控制阀是一种比例电磁阀,它主要由电磁线圈、阀轴及阀等部件构成,如图1-4-9所示。电磁线圈通电时产生电磁吸力,使阀轴沿轴向位移,从而控制阀门开度。当弹簧力与电磁吸力平衡时,阀门保持在稳定状态。当电流大时,电磁吸力大,阀门开度大;反之,阀门开度小。控制电路如图1-4-10所示。

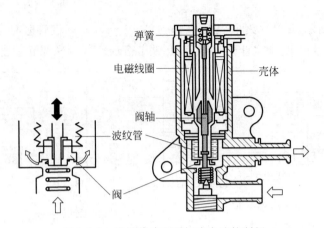

图 1-4-9   线性脉冲电磁阀式怠速控制阀

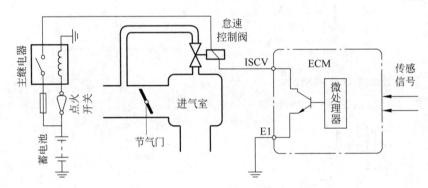

图 1-4-10   线性脉冲电磁阀式怠速控制系统电路

二、故障检测与诊断

1. 发动机怠速不良

（1）故障现象

发动机经过初始状态调整获得了准确的怠速后，在实际运转中，经常产生怠速偏低、抖动、游车或熄火现象，发动机低温、空调运转及转向助力工作时都有提速现象，但都不是很稳定，有时在其他工况下还伴有动力不足的现象。

（2）故障主要原因及处理方法

怠速不良往往由发动机在怠速时所发出的动力较小，难以克服发动机自身运转与附件运转的摩擦阻力而引起。引起上述情况的故障部位有火花塞、高压线、燃油泵、油压调节器、燃油滤清器、喷油器、怠速控制阀、空气流量计（或进气歧管绝对压力传感器）、氧传感器、节气门位置传感器等。处理方法一般是清洗、调整和更换。

（3）故障诊断流程

发动机怠速不良故障诊断流程如图 1-4-11 所示。

2. 发动机怠速过高

（1）故障现象

发动机热车后怠速仍然偏高。

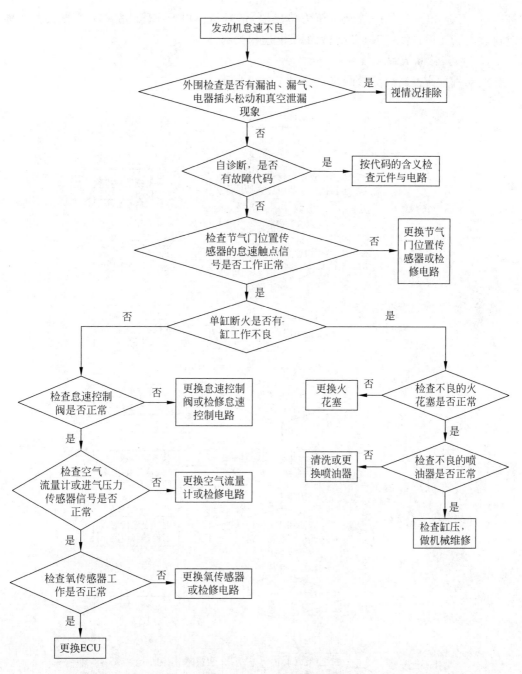

图 1-4-11　发动机怠速不良故障诊断流程

（2）故障主要原因及处理方法

发动机的怠速一般都是由 ECU 根据冷却液的温度、转向助力状态、空调运转状态和挡位开关的状态，通过控制怠速空气调节器来自动调整怠速工况的空气量，进而自动调整怠速工况的喷油量来调节的。冷却液温度传感器信号错误、转向助力开关信号错误、空调开关信号错误、挡位开关信号错误、怠速空气调节器失调、节气门后方漏气、燃油压力过高、空气流量计(或进气歧管绝对压力传感器)信号错误以及 ECU 故障都将导致发动机怠速过高。处理方法一般是清洗和更换上述相关部件。

（3）故障诊断流程

发动机怠速过高故障诊断流程如图 1-4-12 所示。

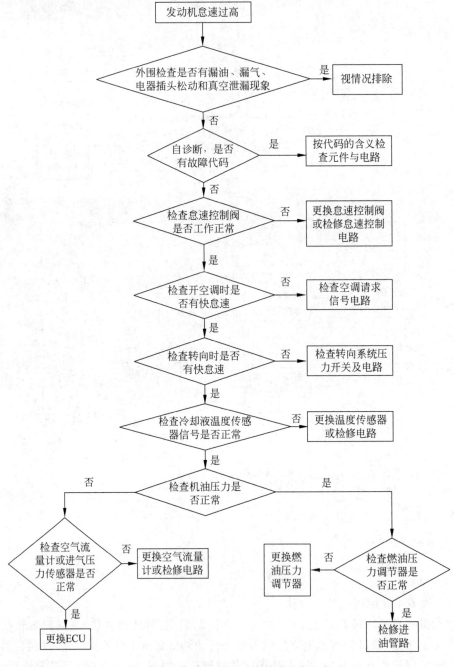

图 1-4-12　发动机怠速过高故障诊断流程

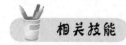

一、准备活动

1. 准备设备

实训车一辆、燃油压力表、常用维修工具。

2. 学生分组

每 5 名学生为一小组，实训时，4 名学生负责检查诊断，1 名学生负责工作过程记录。

二、实施内容

发动机怠速过低故障诊断如下。

1. 填写车辆基本信息

请将车辆基本信息填写在表 1-4-2 中。

表 1-4-2　车辆基本信息

车型		生产日期		制造厂	
车辆识别码		发动机型号			

2. 进行基本检查

（1）起动发动机，同时对蓄电池电压进行测试。其电压不应低于 9.6V。

测试的电压值：_____ V。

（2）用故障诊断仪读取发动机故障码及相关数据流，填入表 1-4-3。

表 1-4-3　读取发动机故障码

故障码编号	故障码描述	备　注

相关数据流信息：_____

_____

_____

对故障码及数据流进行分析，初步确定故障部位为_____。对相关部位进行检查,排除故障。

（3）故障诊断与排除方法如图 1-4-11 所示。

三、故障排除结果验证

（1）检查各传感器、执行器是否安装可靠,导线连接是否良好。

（2）再次读取故障码,应无任何故障码,否则按故障码所示故障排除。

（3）检查发动机冷却液、润滑油是否符合标准。

（4）检查蓄电池电压是否符合标准、连接情况是否良好。

（5）起动发动机,待发动机暖机后,检查发动机怠速是否正常。

故障排除验证结果：_____。

  知识与技能拓展

一、节气门直动式怠速控制机构的检修（以大众车系为例）

1. 机械故障检查

目测积炭、电机轴承磨损、齿轮断齿、驱动机构卡滞等。

2. 怠速开关（F60）的检查

大众汽车怠速稳定控制器上连接器各端子的位置如图 1-4-13 所示。

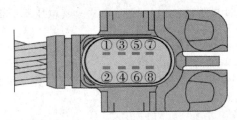

图 1-4-13 大众汽车怠速稳定控制器上连接器各端子的位置

1—怠速电机正极；2—怠速电机负极；3—怠速开关正极；4—传感器电源；5—节气门位
置传感器正极；6—空脚；7—怠速开关负极；8—怠速节气门位置传感器信号

（1）连接故障阅读仪 V. A. G1551,打开点火开关,并用地址码 01 选定发动机 ECU。
屏幕显示：

Rapid data transfer   HELP
Select function   ××
快速数据传输   帮助
选择功能   ××

（2）按键 0 和 8，选定读测试数据块功能，并用 Q 键确认。屏幕显示：

Read measured value block	HELP
Input display group number ×××	
读测试数据块	帮助
输入显示组号码×××	

（3）按键 0、9 和 8 选定"显示组 98"，并用 Q 键确认。屏幕显示：

Read measured value block 98	→		
1	2	3	4
读测试数据块 98		→	
1	2	3	4

（4）显示区域 3 中运行状态应显示为怠速（Idling），慢慢开启节气门，在怠速行驶后达到一个极限点，进一步开启节气门，显示应跳到部分负荷（Part Throttle）。如果显示不正常，可能的原因有同接地短路、同正极断路或短路。

（5）供电检测。点火开关置于 OFF 位置，拔下节气门控制组件 J338 上的线束插头，再将点火开关置于 ON 位置，用万用表检测 J338 线束插头端子 3 与端子 7 间的电压，至少为 9V。若没有电压，说明 J338 与 ECU 间的连线有故障。

（6）测量怠速开关的电阻。检测 J338 线束插头端子 3 与端子 7 间的电阻。当节气门关闭时，应小于 1Ω。节气门打开时，电阻应无穷大。否则更换节气门组件。

3. 节气门控制器 V60 的检测

检测 V60 端子 1 与端子 2 间电阻，应为 $3\sim200\Omega$。再分别检测 ECU 端子 66 与 J338 端子 1 间的电阻、ECU 端子 59 与 J338 端子 2 间的电阻均应不大于 0.5Ω。

4. 怠速节气门电位计 G88 的检测

（1）检测电源电压

点火开关置于 ON 位置，检测节气门控制组件 J338 线束插头端子 4 与端子 7 间的电压，应接近 5V。

（2）检测 G88 的电阻

点火开关置于 OFF 位置，检测 G88 插座端子 4 与端子 7 间的电阻，在节气门任意开度下均为 700Ω；检测端子 4 与端子 8 间的电阻，在节气门全闭时为 735Ω；检测端子 7 与端子 8 间的电阻，在节气门全闭时为 1170Ω。

（3）检测 G88 的线束导通性

检测 G88 插座端子 4、7、8 与 ECU 端子 62、67、74 间的电阻，均应不大于 0.5Ω。

（4）检测 G88 的输出信号

接上 ECU、节气门控制组件 J338 上的插头，打开点火开关起动发动机，检测 G88 插座端子 7 与端子 8 间的输出电压,节气门全闭时应为 0.3～0.8V,节气门全开时应达到 4V。

二、步进电机式怠速控制阀的检修(以丰田车系为例)

1. 就车检查

当发动机熄火时,步进电机怠速控制阀会发出"咔嗒"响声,使阀门开度退到最大开度位置,如果听不到复位时"咔嗒"响声,应对步进电机进行检查。

2. 测量 ISC 阀各端子之间的电阻

ISC 阀连接器如图 1-4-14 所示。拆下 ISC 阀连接器,测量 ISC 阀各端子之间的电阻,应符合表 1-4-4 的规定值,否则应予更换。检测 B1-S1、B1-S3、B2-S2 和 B2-S4 四个线圈电阻,都应为 10～30Ω,如果阻值不符,应更换 ISC 阀。

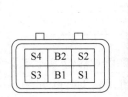

图 1-4-14 ISC 阀连接器

表 1-4-4 ISC 阀各端子间的标准电阻值 Ω

端子	B1-S1	B1-S3	B2-S2	B2-S4
电阻	10～30	10～30	10～30	10～30

3. 步进电机工作情况的检查

如图 1-4-15 所示,将蓄电池的正极接 B1 和 B2,负极依次接 S1→S2→S3→S4,阀芯应向外伸出;将蓄电池的正极接 B1 和 B2,负极依次接 S4→S3→S2→S1,阀芯应向内缩入,否则说明 ISC 阀已经损坏,应予更换。

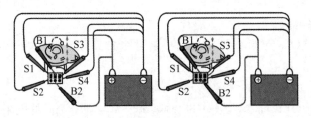

图 1-4-15 步进电机工作情况的检查

4. ECM 控制电压的检查

将步进电机装复到节气门体上,插好电插头。点火开关置于 ON 位置,检测 ECM 的 ISC1、ISC2、ISC3、ISC4 端子与 E1 间(或检测步进电机电插头端子 S1、S2、S3、S4 与搭铁之间)的电压,应为 9～14V。若无电压,则要检查主继电器到步进电机的电路。其控制电路如图 1-4-16 所示。

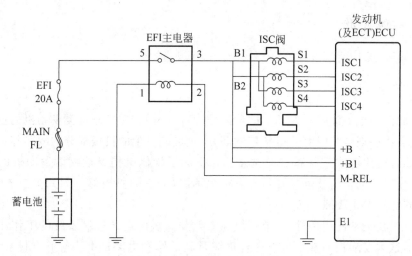

图 1-4-16 步进电机控制电路

一、故障现象

一台桑塔纳 2000 型轿车电控燃油喷射发动机在汽车行驶了 60000km 后,发动机在怠速运转时抖动。

二、故障诊断

从驾驶员处了解到:喷油器已清洗过,气门已研磨修理过,火花塞、高压线都是新的,进气歧管衬垫、排气歧管衬垫都已更换过 1 次,汽缸垫已更换过 2 次(没有冲坏),汽缸压力尚在允许范围内,并且用仪器读不到故障码。分析后认为,故障的直接原因似乎都已检查过了,故障不来自电子控制系统。

在用依次拔掉各缸高压线的方法检查发动机各缸的工作状况时发现,该发动机的第 3 缸工作不良。拆下火花塞后看到其电极有很多积炭并有少量油污,而其他火花塞都良好。在更换第 3 缸火花塞后,发动机怠速运转较平稳。

但是,驾驶员说:"按过去的经验,该火花塞使用一周后又会有积炭和油污,发动机故障又会出现。"根据该情况又重新查看了第 3 缸的火花塞,认为排除故障的关键是要找出火花塞积炭和油污的来源。积炭如此多,很可能是因为汽缸内窜机油。于是,拆下汽缸盖后对第 3 缸进行了详细的检查。检查表明,气门杆与气门导管的间隙在规定范围之内;该缸缸壁无明显拉伤,但有极轻微的竖划痕(用手摸时没有划痕的感觉),由此怀疑该划痕是由活塞环"对口"或断裂所造成的。因此,在征得驾驶员的同意后拆下油底壳,抽出第 3 缸活塞,这时看到第 1 道气环已断裂并挤死在环槽内,第 2 道气环和油环都有不同程度的磨损,且在第 3 缸缸壁下部有 1 条 30mm 长的横向裂纹。

三、故障排除

采取镶缸套、换活塞及活塞环等措施后故障排除。

四、故障点评

通过此例电控燃油喷射发动机故障的排除可以看到,在维修这类发动机的过程中,很多维修人员往往把眼睛只盯着电子控制部分,对可能发生的机械部分的故障却很少考虑。检测故障码,检测各传感器和清洗喷油器几乎成了检修电控燃油喷射发动机的三部曲。电控燃油喷射发动机与普通发动机确有很大不同,但它的机械部分则大多与传统发动机的相同,同样会发生故障。

事实上,在正常使用条件下,电控燃油喷射发动机的电子控制系统的工作比较可靠,故障较少,这类发动机的基本检查内容仍应是其油路和电路;并且电子控制系统的检查只有在发动机机械部分无故障条件下才有效,因为故障码表示的故障有时可能是"他生"故障(由机械故障引起的)。从这里也可以看到,维修电控燃油喷射发动机必须要掌握其基本结构和工作原理;否则,一些电子控制系统的"他生"故障将很难排除。

项目1.5　发动机加速不良或动力不足的故障诊断

项目要求

(1) 能通过与客户交流、查阅相关维修技术资料等方式获取车辆信息。
(2) 通过查阅资料和观摩,掌握发动机加速不良或动力不足的故障原因。
(3) 掌握发动机加速不良或动力不足故障诊断流程。
(4) 能根据环保要求,妥善处理辅料、废弃液体和已损坏零部件。

项目载体

1. 故障案例

一辆 2003 年生产的宝来 1.6L 轿车,行驶里程 25000km。在对汽缸盖上的积炭进行清洗,并对进排气门研磨后,出现加速无力的故障现象。应该如何处理呢?

2. 故障分析

发动机动力不足是指发动机无负荷时运转基本正常,但带负荷运转时加速缓慢,上坡无力,加速踏板踩到底仍感到动力不足,转速无法提高,达不到最高转速。加速不良是指踩下加速踏板后发动机转速不能马上升高,有迟滞现象,或在加速过程中发动机有轻微的波动,甚至发动机转速下降、熄火,并且伴有爆燃声、排气管"突突"声或回火声。发动机在各种转速下皆运转不稳,运转无力,缸体抖动,加速困难,油耗增加,排气管有"突突"声。

发动机动力不足故障诊断应从以下几个方面进行分析。

(1) 机械密封及配气相位(包括可变配器机构)是否异常。

(2) 燃油的供应是否与发动机工况匹配。

(3) 进排气系统(包括增压系统、可变进气系统和三元催化转换器等)是否异常。

(4) 点火时刻是否正确。

(5) 发动机电子控制系统,如增压系统、可变进气系统等出现的其他干扰。

提示:此种故障现象,首先应检查制动器有无拖滞、轮胎气压及车轮轴承是否过紧等。

一、相关知识

发动机增压进气系统就是通过对进气进行预压缩,提高进气的密度来增加进气量,从而提高发动机的功率。汽油机上广泛应用的有涡轮增压和机械增压两种。

1. 微机控制的汽油机增压系统

图 1-5-1 所示为一种由 ECU 控制的机械增压系统。机械增压器由曲轴皮带轮经传动带和电磁离合器驱动。当电磁离合器接通时,增压器工作。当电磁离合器断电时,增压器停止工作。

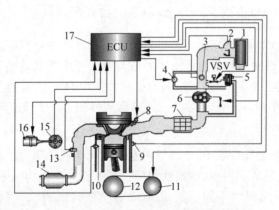

图 1-5-1　电控燃油喷射式发动机机械增压系统示意图

1—空气滤清器;2—空气流量计;3—节气门及节气门位置传感器;4—怠速空气控制阀;5—进气旁通阀;6—机械增压器;7—中冷器;8—喷油器;9—爆燃传感器;10—冷却液温度传感器;11—电磁离合器带轮;12—曲轴带轮;13—氧传感器;14—三元催化转换器;15—分电器;16—点火线圈;17—电控单元(ECU)

在怠速或低速小负荷下,不需要增压,ECU 控制电磁离合器断电,离合器分离,增压器停止运转。同时 ECU 给旁通阀通电使其开启,空气经过旁通阀及旁通管路进入增压器下游的进气管。当 ECU 接通离合器电源时,离合器结合,增压器工作。

图 1-5-2 所示的是由微机控制的涡轮增压系统。ECM 通过操纵增压压力控制电磁阀控制膜片式控制阀左侧气室内的压力。当左室压力低时,右室内的弹簧推动膜片左移,并带动联动杆将排气旁通阀关闭。发动机的排气推动动力涡轮旋转,并带动同轴的增压涡轮一起旋转。进气管内的空气被增压涡轮压缩后经由中间冷却器进入汽缸。当左室压力高时,膜片右移,并通过联动杆将排气旁通阀打开,使部分排气直接排入大气,从而降低动力涡轮转速和增压压力。

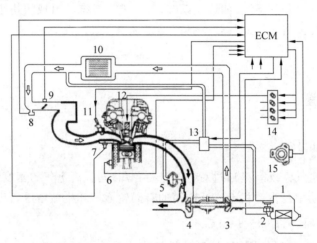

图 1-5-2 带有涡轮增压的汽油机电子控制系统

1—空气滤清器;2—空气流量计;3—增压涡轮;4—动力涡轮;5—膜片式控制阀;6—爆燃传感器;
7—水温传感器;8—增压压力传感器;9—节气门位置传感器;10—中冷器;11—喷油器;12—点火
线圈和火花塞;13—增压压力控制电磁阀;14—点火控制模块;15—曲轴位置传感器

发动机工作时,ECM 将增压压力传感器的压力信号与储存在脉谱图中的相应工况下的理论值进行比较。若实际测量的增压压力值与脉谱图中的理论值存在偏差,ECM 将输出控制信号,对增压压力电磁阀进行控制,改变膜片室中的压力,使排气旁通阀工作。当实际进气压力低于理论值时,旁通阀门关小。当实际进气压力高于理论值时,旁通阀门开大。

2. 可变进气系统

发动机工作时,在进气行程中,进气管内会产生周期性的压力波动。利用进气管内的动力效应的可变进气系统有两种,即惯性增压进气系统和谐振增压进气系统。

惯性增压进气系统利用不同的进气管截面积来改变进气气流的流速,如图 1-5-3 所示。

发动机在低速中、小负荷下工作时,转换阀关闭,只利用一个进气通路,此时进气流速提高,进气惯性大,可提高发动机转矩;当发动机在高速大负荷下工作时,转换阀开启,进气通路为两条,此时进气截面大大增加,进气阻力减小,汽缸充量增加,使高速大负荷时的动力性得到提高。

谐振增压进气系统则可以改变进气管的有效长度,如图 1-5-4 所示。

大众公司的 1.8L ANQ 发动机中有一个具有双进气道的进气歧管,它能够在长进气道和短进气道之间进行切换。发动机在低转速时,空气经过长的进气道进入汽缸,使汽缸充气

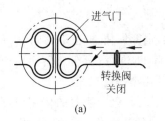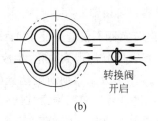

图 1-5-3　惯性增压进气系统

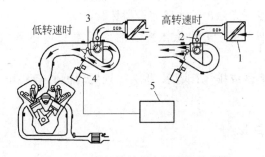

图 1-5-4　进气管长度有级可变的系统

1—空气滤清器；2—节气门；3—转换阀；4—转换阀控制机构；5—ECU

最佳，且转矩增大。发动机在高转速时，空气流经短进气道进入汽缸，可提高工作效率。

可变进气转换阀的控制方法在各种车上并不完全一样。可变进气系统控制原理如图 1-5-5 所示，进气转换阀的开启和关闭，是由膜片式执行器来完成的。执行器膜片室中的工作压力受三通电磁阀控制。三通电磁阀则由 ECM 操纵。

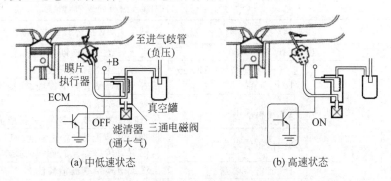

图 1-5-5　可变进气系统的控制原理

当发动机转速低于 4100r/min 时，三通电磁阀断电。膜片气室与大气之间的通路被切断，而与真空罐之间形成通路。真空作用使膜片带动拉杆，关闭进气转换阀门，空气通过路径较长而截面较小的进气管道进入汽缸。此时，进气流速高，具有较大的惯性，起到惯性增压的作用，可获得较大的发动机转矩。

当发动机转速超过 4100r/min 时，三通电磁阀通电。膜片气室与真空罐之间的通道被切断，转而与大气接通。大气压作用在转换阀膜片气室。膜片带动拉杆将进气转换阀打开，形成了路径较短而截面较大的进气管道。此时空气通过较短的路径流入汽缸，降低了进气阻力，提高了发动机高速时的功率。

3. 三元催化转换器

三元催化转换器不仅能促使 CO、HC 的氧化,也能促使 NO_x 的还原,从而使 CO、HC 和 NO_x 三种有害成分都得到净化,生成 N_2、CO_2 和 H_2O。三元催化转换器和空燃比闭环控制结合在一起,形成了目前所能达到的最有效的污染净化系统。

要达到转化率高且使用寿命长的理想状况,三元催化转换器的使用温度应在 $400 \sim 800 ℃$。当温度达到 $800 \sim 1000 ℃$ 时,会加速催化剂的热老化。另外,若发动机工作不正常,如燃烧失火或混合气长期处于浓的情况下,可能使催化剂温度达到 $1400 ℃$ 以上,这时会将载体材料烧熔而使三元催化转换器完全损坏。

在良好的工作条件下,三元催化转换器的使用寿命可达到汽车行驶里程 8 万~10 万千米。

如果三元催化转换器或排气管堵塞,将会出现发动机加速无力、达不到最高车速等故障现象。

二、故障检测与诊断

1. 故障现象

发动机无负荷运转时基本正常,但带负荷运转时加速缓慢,上坡无力。运行中感到动力不足,发动机转速不能提高,达不到最高车速。

2. 故障主要原因及处理方法

故障主要原因及处理方法见表 1-5-1。

表 1-5-1　发动机动力不足可能的故障原因与处理方法

故障现象	故障原因		故障诊断与排除
发动机动力不足(加速缓慢、达不到最大功率等)	点火系统工作不良		按点火系统故障诊断方法进行
	空燃比不正确	空气流计量信号(AFS 或 MAP)失准	检查或更换空气计量装置
			检查空气计量装置的配线、插接器是否正常
		燃油计量失准	检查燃油系统油压
			检查喷油器的技术状况,更新或清洗喷油器
		燃油修正信号失准	检查冷却液温度、进气温度、氧、爆燃、节气门位置等传感器及其配线的技术状况
	进气系统堵塞或漏气	空气滤清器堵塞	清洗或更换空气滤清器滤芯
		进气管漏气	检查软管、接头是否漏气
			检查进气歧管与缸体、缸盖的密封
		真空装置、EGR 系统漏气	检查真空管是否松脱、EGR 系统是否漏气
			检查 EGR 系统的控制电路及系统
	排气堵塞	三元催化转换器堵塞	检查三元催化转换器,锈堵时应更新
	机械密封不良	缸盖与缸体密封不良	检查汽缸盖衬垫
		气门与气门座	检查汽缸压力
		活塞与汽缸间密封不良	检查汽缸压力
	配气相位失准	配气正时失准	检查配气正时
		可变配气机构工作不良	检查可变配气机构

3. 故障诊断流程

发动机动力不足常见故障原因的诊断流程如图 1-5-6 所示。

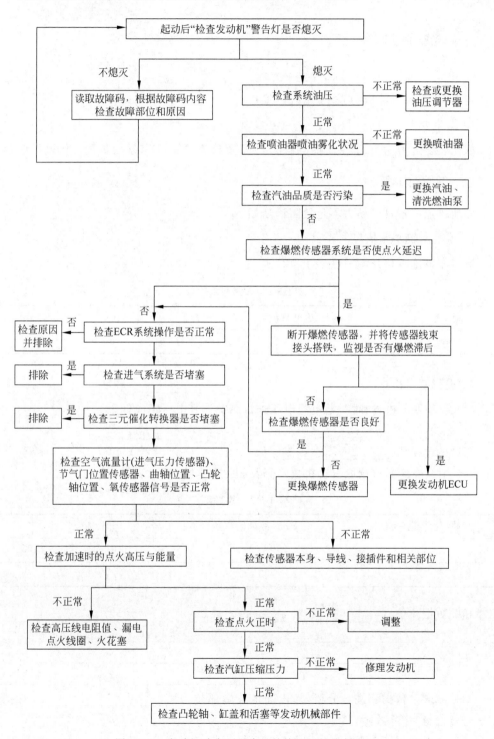

图 1-5-6　发动机动力不足常见故障原因的诊断流程

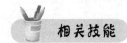 相关技能

一、准备活动

1. 准备设备

实训车一辆、燃油压力表、常用维修工具。

2. 学生分组

每 5 名学生为一小组,实训时,4 名学生负责检查诊断,1 名学生负责工作过程记录。

二、实施内容

发动机加速不良或动力不足故障诊断如下。

1. 填写车辆基本信息

请将车辆基本信息填写在表 1-5-2 中。

表 1-5-2　车辆基本信息

车　型		生产日期		制造厂	
车辆识别码			发动机型号		

2. 进行基本检查

(1) 起动发动机,同时对蓄电池电压进行测试。其电压不应低于 9.6V。

测试的电压值:_____ V。

(2) 用故障诊断仪读取发动机故障码及相关数据流,填入表 1-5-3。

表 1-5-3　故障码

故障码编号	故障码描述	备　　注

相关数据流信息:_____

_____

_____

_____

对故障码及数据流进行分析,初步确定故障部位为_____。对相关部位进行检查,排除故障。

(3) 故障诊断与排除方法如图 1-5-6 所示。

三、故障排除结果验证

（1）检查各传感器、执行器是否安装可靠，导线连接是否良好。

（2）再次读取故障码，应无任何故障码，否则按故障码所示故障排除。

（3）检查发动机冷却液、润滑油是否符合标准。

（4）检查蓄电池电压是否符合标准、连接情况是否良好。

（5）起动发动机，待发动机暖机后，使汽车在路上行驶，发动机转速与车速随加速踏板踩下而迅速提高，上坡时发动机转速应能随挡位降低而迅速提高。

故障排除验证结果：_____。

 知识与技能拓展

电控发动机的故障诊断方法简介如下。

一、诊断原则

现代发动机管理系统是一个复杂的机电一体化综合控制系统，在诊断故障时，首先要全面地掌握整个系统的结构、原理和电气线路，并要掌握诊断的基本原则。如果要诊断排除一个可能涉及电控系统的发动机故障，应先按对待普通发动机那样检查可能引起该故障的各种原因。如果仪表盘上的故障指示灯点亮，则应该按厂家规定的程序，调取故障码进行检查。当发动机有故障，而故障指示灯未点亮或故障码未显示，就应该像发动机没装电控系统时那样，按照基本诊断程序进行检查，否则，遇到一个本来与电控系统无关的简单故障，却去检查电控系统的传感器、执行器和控制电路，走不必要的弯路，而不能及时排除故障。

二、诊断与维修注意事项

发动机管理系统对于高温、高压、高湿度是十分敏感的，因此在诊断与维修时应注意以下事项。

（1）无论发动机是否运转，只要在点火开关接通时，绝不可断开任何12V的电器工作装置。因为任何线圈都具有自感作用，因此在断开此类装置时，都会产生很高的瞬变电压，有可能超过7000V，使计算机和传感器受到致命性破坏。

（2）当诊断出故障原因，对电控系统进行检修时，应先关掉点火开关，并将蓄电池搭铁线拆下，如果只检查电控系统，则只需关闭点火开关即可。

（3）在打开点火开关，发动机没有起动时，警告灯亮为正常，起动发动机后灯应熄灭，若灯仍亮，则表示计算机诊断系统已检测到系统中的故障或异常情况。

（4）计算机、传感器必须防潮，不允许将计算机或传感器的密封装置损坏，更不允许用水冲洗计算机和传感器。

（5）电子控制的燃油喷射系统的故障较少，常见的故障往往是接触不良引起的，所以要保持各接头、接线柱的清洁和接触可靠。

（6）电控燃油喷射系统中的 CPU 是高质量的电子器件，本身故障很少，需要检查时，要用专用的仪器，一般不允许在修理作业时盲目拆修。

诊断案例

一、故障现象

一辆桑塔纳 2000 GSi 型轿车，发动机在怠速时运转不稳定，且排气管有"突突"声，突然加速时有回火和放炮等现象。

二、故障诊断

利用故障阅读仪读码，读出两个故障，分别为霍尔传感器故障和氧传感器故障。

1. 检查霍尔传感器

（1）霍尔传感器到发动机控制模块之间的导线电阻，正常。

（2）接通点火开关后，霍尔传感器线束侧连接器端子 1 与端子 3 之间的电压约为 5V，端子 2 与端子 3 之间的电压为蓄电池电压，正常。

（3）将测试灯从霍尔传感器线束侧连接器背面连接到端子 1 与端子 3 上，如图 1-5-7 所示。接通点火开关，转动发动机时测试灯闪亮。曲轴每转 2 转，测试灯闪亮 1 次，正常。

以上检查表明霍尔传感器无故障，再对氧传感器进行检查。

2. 检查氧传感器

（1）测量氧传感器侧连接器端子 1 与端子 2（见图 1-5-8）之间的加热元件电阻，正常。

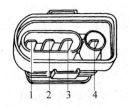

图 1-5-7　霍尔传感器线束侧连接器端子　　　图 1-5-8　氧传感器侧连接器端子

（2）将测试灯连接到氧传感器线束侧连接器端子 1 和发动机搭铁点上，起动发动机，测试灯亮，说明加热电路正常。

（3）发动机运转时，测量氧传感器连接器端子 3 和端子 4 之间的电压，在 500mV 左右，氧传感器的信号电压也正常。

于是怀疑空气流量计出现故障，利用故障阅读仪读取数据流。

发动机怠速运转时，进气量在规定范围内，但将发动机加速到 3000r/min 时发现，所显示的数值变化缓慢，大约在四五秒后才趋于稳定。因此判定空气流量计性能不良。

三、故障排除

更换空气流量计后,故障排除。

四、故障点评

利用故障阅读仪读码的方法,缩小检测范围,扩大诊断思路,从而找出故障点。故障部位并没有被 ECU 正确识别和记录,因此,需要有综合分析和推理判断能力,才能迅速排除故障。

项目 1.6 发动机润滑不良的故障诊断

项目要求

(1) 能通过与客户交流、查阅相关维修技术资料等方式获取车辆信息。
(2) 通过查阅资料和观摩,掌握发动机润滑不良的故障原因。
(3) 掌握发动机润滑不良故障诊断流程。
(4) 能根据环保要求,妥善处理辅料、废弃液体和已损坏零部件。

项目载体

1. 故障案例

一辆桑塔纳 2000 型轿车,在行驶中发现机油压力表显示压力偏低,机油压力报警灯闪亮,发动机噪声变大,水温偏高。应该如何处理呢?

2. 故障分析

机油压力过低,将影响润滑系统的正常工作,而发动机只有在良好的润滑状态下,才能稳定地输出功率。一旦润滑系统出现故障,应立即停机检查,否则将出现拉缸、烧瓦、抱轴或使主轴颈、连杆轴颈、凸轮轴等机械运转部件急剧磨损的严重事故。要迅速快捷地确诊故障的原因和部位,必须熟悉润滑系统的功能、润滑系统的组成、润滑油路的循环方向以及造成机油压力过低的原因等相关知识。

项目链接

一、相关知识

1. 润滑系的功用

发动机润滑系有润滑、密封、清洗、冷却、防腐蚀、减振、降噪等功用。一般汽油机机油正常压力应为0.2～0.4MPa,不低于0.15MPa,不高于0.45MPa;柴油机机油压力因柴油机的压缩比高,机械负荷较大而较高,一般为0.29～0.59MPa。具体发动机的机油压力许用值可参阅相关维修手册。

汽车在运行中一旦发现机油压力表读数异常或机油压力过低警示灯亮时,应尽快停车检查,查明原因再做处理。因为在缺失机油的情况下,运动部件会急剧磨损,造成发动机早期损坏。

2. 润滑系统的总体构造

润滑系统主要由油底壳、集滤器、机油泵、机油滤清器和机油压力开关等组成。桑塔纳2000型轿车发动机润滑系统零件分解图如图1-6-1所示。

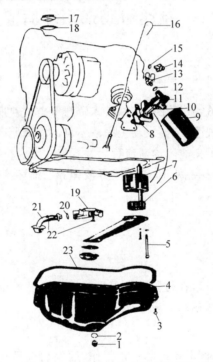

图1-6-1   桑塔纳2000型轿车发动机润滑系统零件分解图

1—放油螺塞(拧紧力矩为30N·m);2—O形密封圈;3—油底壳紧固螺栓(拧紧力矩为20N·m);4—油底壳;5—机油泵盖长螺栓(拧紧力矩为20N·m);6—机油泵齿轮;7—机油泵壳体;8—机油滤清器盖衬垫;9—机油滤清器体;10—机油滤清器盖紧固螺栓(拧紧力矩为25N·m);11—机油滤清器盖;12、15—密封圈;13—0.18MPa油压开关(拧紧力矩为25N·m);14—0.031MPa油压开关(拧紧力矩为25N·m);16—机油尺;17—加油口盖;18—橡胶油封垫圈;19—机油泵盖;20—O形圈;21—机油集滤器;22—机油泵盖短螺栓(拧紧力矩为10N·m);23—油底壳密封垫

桑塔纳轿车无论采用何种型号的发动机,其润滑系统都是压力润滑与飞溅润滑相结合的复合润滑系统。桑塔纳2000型轿车发动机润滑系统的结构与油路如图1-6-2所示。桑塔纳3000型四缸AJR型发动机的润滑油路如图1-6-3所示。

油底壳内的润滑油经粗集滤器滤掉大颗粒的机械杂质后,被机油泵压入机油滤清器后分三路送出。第1路经主油道后分为两支:一支送入曲轴主轴承分油道,润滑主轴承,经曲轴内油道滑润连杆大端轴承,再经连杆内油道润滑连杆小端轴承后回到油底壳;另一支进入中间轴的轴承(AJR 型发动机无中间轴)后流回油底壳。第 2 路从主油道进入凸轮轴的轴承后再润滑气门机构,然后流回油底壳。第 3 路在主油道油压太高或流量太大的情况下,润滑油冲开安全阀,分流回油底壳。

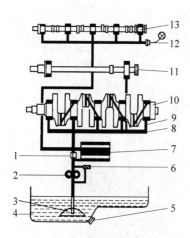

图 1-6-2　桑塔纳 2000 型轿车发动机润滑
系统示意图

1—旁通阀;2—机油泵;3—粗集油器;4—油
底壳;5—放油塞;6—安全阀;7—机油滤清
器;8—主油道;9—油道;10—曲轴;11—中
间轴;12—压力开关;13—凸轮轴

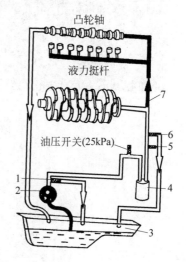

图 1-6-3　桑塔纳 3000 型四缸 AJR
型发动机润滑系统示意图

1、6—减压阀;2—机油泵;3—油底壳;
4—润滑油滤清器(带旁通阀);5—油压
开关;7—止回阀

机油滤清器上设有旁通阀,起动压力为 0.18MPa。当机油滤清器堵塞,润滑油通过压力开关短路进入主油道,防止发动机运动副因缺润滑油而烧坏。

二、故障检测与诊断

1. 机油压力过低

(1) 故障现象

发动机在正常工作温度和转速下,机油压力表读数低于规定值或低于油压报警器报警值。

(2) 故障主要原因及处理方法

① 机油集滤器网堵塞。

处理方法:先观察油底壳是否被碰撞变形,若变形,可放掉机油,去掉油底壳,检查集滤器与油底壳是否损坏或变形污堵。若油底壳变形,则修复油底壳,更换或清洗机油集滤器,清洗油底壳。机油集滤器如图 1-6-4 所示。

② 机油滤清器堵塞。

处理方法:更换机油滤清器滤芯,如图 1-6-5 所示。

③ 油底壳内机油油面过低。

处理方法:按规定补充机油。

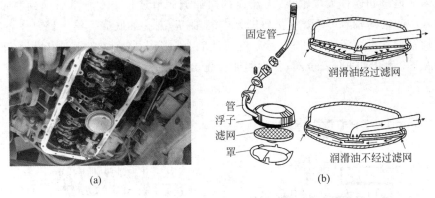

图 1-6-4 机油集滤器

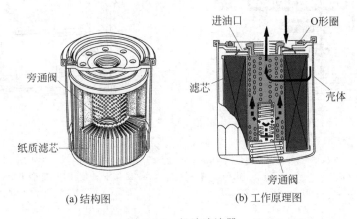

(a) 结构图   (b) 工作原理图

图 1-6-5 机油滤清器

④ 机油黏度降低。

处理方法：机油被燃油或冷却水稀释，黏度下降。更换机油。

⑤ 机油限压阀弹簧失效或调整不当。

处理方法：更换弹簧或重新调整。

⑥ 润滑油油管接头漏油或进入空气。

处理方法：检修机油管路，排出空气。

⑦ 润滑油道堵塞。

处理方法：清洗润滑油道。

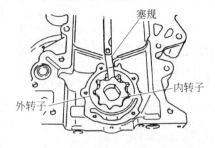

图 1-6-6   测量机油泵的啮合间隙

⑧ 机油泵性能不良。

处理方法：检修或更换机油泵，如图 1-6-6 所示。

⑨ 曲轴主轴承、连杆轴承或凸轮轴轴承间隙过大。

处理方法：必要时光磨曲轴、凸轮轴或更换轴承。

⑩ 机油压力表或机油压力传感器失效。

处理方法：接通点火开关，短路机油压力表的两个接线柱，若机油压力表指针摆动，说明机油压力表完好，机油压力传感器失效；若机油压力表指针不摆动，则机油压力表失效。检修或换件。

（3）故障诊断的一般思路和方法

机油压力过低故障诊断流程如图 1-6-7 所示。

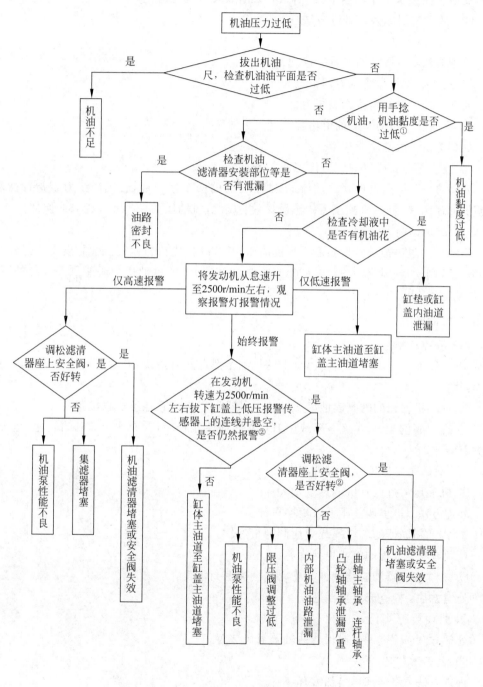

图 1-6-7　机油压力过低故障诊断流程

说明：

① 机油性能的仪器检测详见机油变质故障诊断相关内容。

② 以 JV 型发动机为例。

2. 机油压力过高

（1）故障现象

发动机在正常工作转速下，机油压力表读数高于规定值。

（2）故障主要原因及处理方法

① 机油黏度过大。

处理方法：更换机油或重新选用机油。

② 机油限压阀弹簧压力调整过大。

处理方法：重新调整弹簧压力。

③ 机油限压阀的润滑油道堵塞。

处理方法：清洗润滑油道。

④ 机油压力表或机油压力传感器失效。

处理方法：接通点火开关，短路机油压力表的两个接线柱，若机油压力表指针摆动，说明机油压力表完好，机油压力传感器失效；反之，机油压力表失效。检修或换件。

（3）故障诊断方法

机油压力过高故障诊断过程：当机油压力过高时，应首先检查机油黏度是否过高，若黏度正常，则检查和调整缸体主油道（或机油滤清器）上的机油压力阀或机油泵上的限压阀（如桑塔纳、奥迪、切诺基等）。

3. 机油变质

（1）故障现象

① 从机油尺上滴在洁白吸墨纸上的机油呈黑色并有杂质，或者油滴外缘呈黄色而核心呈黑色。

② 发动机轴瓦的摩擦表面呈腐蚀状，被胶膜、积炭或其他沉积物覆盖。

③ 机油颜色变黑，黏度下降或上升；添加剂性能丧失，含有水分；机油乳化，呈乳浊状并有泡沫。

（2）故障主要原因及处理方法

① 机油压力过低且机油黏度过大。

处理方法：检查调整压力或更换机油。

② 机油粗滤器滤芯堵塞或旁通阀弹簧过软。

处理方法：检查调整或更换滤芯。

③ 机油细滤器滤芯堵塞或其中心孔两端密封不良。

处理方法：检查或更换滤芯。

④ 曲轴箱通风不良。

处理方法：检查调整或保养曲轴箱通风装置。

⑤ 活塞环漏气。

处理方法：修理或更换活塞环。

⑥ 燃油或冷却水进入润滑系统，机油被稀释，黏度下降。

处理方法：检查燃油供给或冷却系统，查明原因和部位。

⑦ 发动机缸体破裂或汽缸垫烧蚀,冷却液进入油底壳或润滑系统,机油被乳化,呈白色。

处理方法:焊接或更换发动机缸体、汽缸垫。

⑧ 机油使用时间太长。

处理方法:更换发动机机油。

（3）故障诊断方法

机油在使用过程中,由于杂质污染、燃油稀释、高温氧化、添加剂消耗或性能丧失等原因,其品质会逐渐变坏。在外观上,还表现为颜色变黑、黏度上升或下降。机油中的清净分散剂是机油的一种重要添加剂,具有从发动机摩擦表面分散、移走磨损微粒、积炭等的能力,使之悬浮在机油中而不沉淀在摩擦表面,以减轻摩擦表面的磨损。由于机油在使用过程中清净分散剂的消耗及性能降低,也会逐渐失去其清净分散作用。

机油品质变坏会使发动机润滑变差、磨损加剧,甚至引发严重机械故障,因而应加强对发动机机油品质的定期检测与分析,实行按质换油,以保证发动机良好润滑。更为重要的是,通过对机油品质的检测,可分析并监控发动机技术状况的变化。

机油变质故障诊断主要是分析清楚机油变质的原因。机油变质可通过手捻、鼻嗅和眼观的人工经验法检验。如机油发黑、变稠一般由机油氧化造成;如机油发白则说明机油中有水;如机油变稀则为汽油或柴油稀释引起。为精确分析机油变质原因,最好使用油质仪和滤纸斑点试验法进行机油品质检查。

4. 机油消耗过多

（1）故障现象

机油消耗量超过规定值,排气冒蓝烟,汽缸内积炭增多。

（2）故障主要原因及处理方法

① 活塞、活塞环与汽缸壁的间隙过大或活塞环与环槽的侧隙过大。

处理方法:检修或更换活塞、活塞环和汽缸。

② 气门与气门导管间隙过大或气门油封失效。

处理方法:检修或更换气门,更换气门导管或气门油封。

③ 发动机各部件密封表面漏油。

处理方法:检查发动机各部件可能漏油的表面。

④ 曲轴箱通风不良。

处理方法:检修曲轴箱通风装置。

⑤ 大修后扭曲环或锥面环装反。

处理方法:重新安装活塞环。

⑥ 若发动机装配废气涡轮增压器,增压器轴磨损严重。

处理方法:检查涡轮轴的径向和轴向间隙是否过大。

（3）故障诊断流程

机油消耗过多故障诊断流程如图1-6-8所示。

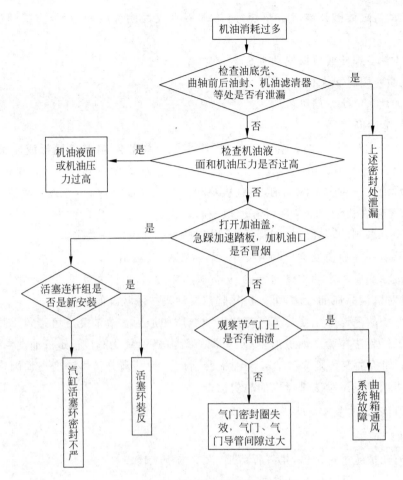

图 1-6-8　机油消耗过多故障诊断流程

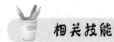 相关技能

一、准备活动

1. 准备设备

实训车一辆、常用维修工具。

2. 学生分组

每 5 名学生为一小组,实训时,4 名学生负责检查诊断,1 名学生负责工作过程记录。

二、实施内容

机油压力过低故障诊断如下。

1. 填写车辆基本信息

请将车辆基本信息填写在表 1-6-1 中。

表 1-6-1 车辆基本信息

车型		生产日期		制造厂	
车辆识别码			发动机型号		

2. 进行基本检查

起动发动机,同时对蓄电池电压进行测试。其电压不应低于 9.6V。

测试的电压值:＿＿＿＿＿＿＿＿＿＿ V。

故障诊断与排除参考图 1-6-7 所示诊断流程。

三、故障排除结果验证

（1）检查各传感器、执行器是否安装可靠,导线连接是否良好。

（2）再次读取故障码,应无任何故障码,否则按故障码所示故障排除。

（3）检查发动机冷却液、润滑油是否符合标准。

（4）检查蓄电池是否符合标准,连接情况是否良好。

（5）起动发动机,发动机暖机后,发动机机油压力表读数符合标准。

故障排除验证结果:＿＿＿＿＿＿＿＿＿＿＿＿＿＿＿＿＿＿＿＿＿＿＿。

知识与技能拓展

AJR 型发动机润滑系统的结构与维修简介如下。

与 AFE 型发动机润滑系统相比,AJR 型发动机润滑系统主要区别在于机油泵,它由原来的齿轮泵改为转子泵。转子泵的内齿为 7 齿,外齿为 6 齿,结构更为紧凑,体积小、重量轻、流量大。机油泵上有一个限压阀用来限制机油泵的出油压力。

AJR 型发动机机油泵直接由曲轴前端的链轮通过链条驱动,其驱动形式如图 1-6-9 所示。

AJR 型发动机机油泵的安装位置移到机体的前端底面,汽缸体内通往机油滤清器支架的油道因此设计得较长,通过滤清后的机油在机油滤清器支架内分为三路:第一路进入汽缸体主油道,经主油道将机油分配到各曲轴主轴承,再由曲轴上的斜油孔通往各连杆轴承,由连杆体上的油孔通往连杆小头衬套。第二

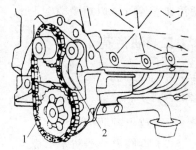

图 1-6-9 AJR 型发动机机油泵的传动
1—链条;2—链条张紧装置

路通过安装在机油滤清器上的一个止回阀进入汽缸体上的一个通向汽缸体上平面的油道,经汽缸盖上的第四个汽缸盖螺栓孔进入汽缸盖主油道,由此将机油分配到各凸轮轴轴颈和液压挺杆。止回阀的作用是在发动机停机时保持汽缸盖油道内的存油,防止发动机再次起动时缸盖供油不足,导致液压挺杆不能正常工作。第三路通往一个限压阀,油道内的压力过大时该阀打开,将部分机油旁通流回油底壳。

AJR 型发动机润滑系统零件如图 1-6-10 所示。维修时应注意:所有的密封圈及衬垫拆卸后应更换;链条张紧器不能分解,安装时压下弹簧后即可安装,链条张紧器的拧紧力矩为 14.4～17.6N·m;机油泵罩壳拧紧力矩为 8.1～9.9N·m。

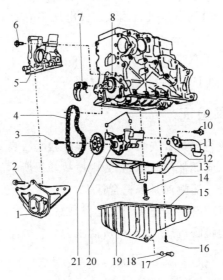

图 1-6-10　AJR 型变动机润滑系统零件分解图

1—扭力臂;2—螺栓(拧紧力矩为 25N·m);3—螺栓(拧紧力矩为(22±3)N·m);4—机油泵传动链;
5—曲轴前油封凸缘;6—油封凸缘固定螺栓(拧紧力矩为 15N·m);7—链条张紧器;8—曲轴链轮;
9—销钉;10、14、16—螺栓(拧紧力矩为 14.4～16.6N·m);11—吸油管;12—O 形圈;13—挡油板;
15—衬垫;17—放油螺塞;18—放油螺塞密封圈;19—油底壳;20—机油泵;21—机油泵链轮

一、机油滤清器

机油滤清器如图 1-6-11 所示。拆装机油滤清器时应使用机油滤清器扳手 3417,机油滤清器螺栓拧紧力矩为 20N·m。

二、油底壳

1. 油底壳的拆卸

(1) 将发动机前端置于维修工作台上。

(2) 放出发动机机油。

(3) 拆卸离合器防尘罩板。

(4) 如图 1-6-12 中箭头所示,旋下副梁螺栓和发动机橡胶支承。

(5) 缓缓放下副梁。

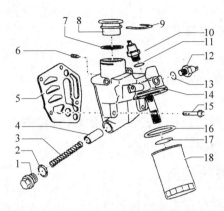

图 1-6-11　机油滤清器的分解图

1—螺塞；2、7、11、13、17—密封圈；3—弹簧(用于减压阀，约 0.4MPa)；4—柱塞(用于泄压阀)；5、16—衬垫；6—压力止回阀(在机油滤清器支架内)；8—盖子；9—夹箍；10—0.025MPa 机油压力开关(棕色绝缘，拧紧力矩为 15N·m)；12—0.18MPa 机油压力开关(白色绝缘，拧紧力矩为 25N·m)；14—机油滤清器支架；15—机油滤清器支架紧固螺栓(拧紧力矩为 16N·m+90°，拆卸后更换)；18—机油滤清器

(6) 旋下油底壳上的所有螺栓。

(7) 拆卸油底壳，必要时用橡胶锤子轻轻敲击。

2. 油底壳的安装

(1) 更换油底壳衬垫。

(2) 交替对角拧紧油底壳与汽缸体的紧固螺栓。

(3) 安装好副梁。

(4) 拧紧发动机橡胶支承。

(5) 注意主要部件螺栓拧紧力矩。发动机支承与副梁紧固螺栓拧紧力矩为 (40±5)N·m，发动机支承与支架紧固螺栓拧紧力矩为 (40±5)N·m，扭力臂与发动机紧固螺栓拧紧力矩为 (23±3)N·m。

三、机油泵

1. 机油泵的拆卸

(1) 拆下油底壳。

(2) 旋下图 1-6-13 中箭头所示螺栓。

图 1-6-12　旋下副梁螺栓和发动机橡胶支承

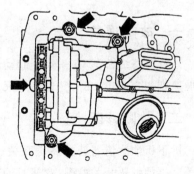

图 1-6-13　旋下螺栓

（3）将链轮和机油泵一起拆下来。

2. 机油泵的安装

（1）将销钉插入机油泵上端，机油泵轴与链轮只能有一个安装位置。

（2）安装机油泵，安装油底壳。

（3）用（22±3）N·m 的力矩拧紧链轮与机油泵的紧固螺栓，用（16±1）N·m 的力矩拧紧机油泵与汽缸体的紧固螺栓。

四、机油压力开关的检测

测试机油压力开关前应保证机油液面正常，当点火开关接通时机油报警灯应该闪亮；发动机机油温度约为 80℃。

（1）拔下低压开关（0.025MPa，棕色绝缘层），将其拧到 V.A.G1342 机油开关测试仪上，如图 1-6-14 所示。

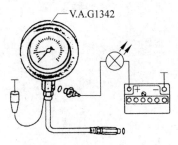

图 1-6-14　检查机油压力开关

（2）将测试仪拧到机油滤清器支架低压油压开关的位置上。

（3）将测试仪的棕色导线搭铁。

（4）将二极管测试灯 V.A.G1527 连接到机油压力开关和蓄电池正极上。发光二极管必须发亮。

（5）起动发动机，并缓慢提高发动机转速。

（6）当机油压力为 0.015～0.045MPa 时，测试灯必须熄灭。否则更换机油压力开关。

（7）将二极管测试灯拧在高压油压开关上（0.18MPa，白色绝缘层）。

（8）当机油压力为 0.16～0.2MPa 时，发光二极管必须发亮。否则更换机油压力开关。

（9）继续提高发动机转速。在 2000r/min 和 80℃ 的机油温度下，机油压力应至少维持在 0.2MPa。

 **诊断案例**

一、故障现象

一辆桑塔纳轿车，在一天冷起动后的暖机过程中，机油压力警告灯常亮不熄，司机平稳加速到 2500r/min 时，警告灯熄灭。

二、故障诊断

拆下机油滤清器处的高压开关，接压力表检测，怠速时油压正常（200kPa）。拆下汽缸盖后端的低压开关检测，怠速时油压只有 10kPa。

三、故障排除

更换新的机油滤清器后,警告灯怠速常亮故障排除。

四、故障点评

高压开关安装在油道首端,低压开关装在油道尾端。接该发动机结构特点判断:首端压力正常,而尾端压力过低,很可能是机油滤清器过脏或堵塞的缘故。正如故障现象中所述:发动机加速至 2500r/min 时,警告灯熄灭,即表明在此转速时旁通阀打开,使系统内油压恢复正常所致。

项目 1.7　发动机冷却不良的故障诊断

（1）能通过与客户交流、查阅相关维修技术资料等方式获取车辆信息。
（2）通过查阅资料和观摩,掌握发动机冷却不良的故障原因。
（3）掌握发动机冷却不良故障诊断流程。
（4）能根据环保要求,妥善处理辅料、废弃液体和已损坏零部件。

1. 故障案例

一辆桑塔纳 2000 型轿车,在行驶中发动机因过热而导致水箱"开锅"。车主请求救援,车辆被拖回修理厂,应该从哪里下手查明原因,排除故障呢?

2. 故障分析

造成"开锅"故障的主要原因是冷却系统出现了问题,冷却液温度过高、过低,都不能使发动机保持在良好技术状态。发动机要保持良好技术状态,冷却液的温度应在 80～90℃。这时着火条件好,燃烧完全;机油黏度值较佳,润滑条件好。因此,发动机在运行过程中,要时刻注意冷却冷却液温度的变化,及时采取有效措施,排除故障,确保冷却液温度正常。

冷却系统的常见故障是冷却液温度过高、冷却液温度过低、冷却液泄漏等。常见故障部位为节温器、电动风扇或风扇皮带、温控开关、散热器和水泵。

一、相关知识

冷却系统的功用是使发动机在所有工况下都能保持在适当的温度范围内（80～

90℃）。既要防止发动机过热,也要防止冬季发动机过冷。在发动机冷起动之后,冷却系统还要保证发动机迅速升温,尽快达到正常的工作温度。行车过程中发现冷却液表读数异常、冷却液指示灯点亮,应立即停车检查。因为冷却液温度过高将造成发动机过热,零件强度降低、机油变质、磨损加剧,导致发动机动力性、经济性、可靠性等的全面下降。冷却过度或使发动机长期在低温下工作,均会使散热损失及摩擦损失增加,零件磨损加剧,排放恶化,发动机工作粗暴,功率下降及燃油消耗率增加。同时,冷却系统还为暖风系统提供热源。

冷却系统主要由水泵、散热器、节温器、风扇、分水管、水套、百叶窗、水温表或水温报警器等组成。根据风扇驱动方式的不同可分为机械风扇式冷却系统和电动风扇式冷却系统,机械风扇式冷却系统普遍采用硅油式或电磁式风扇离合器。现代轿车广泛采用电动风扇式强制冷却系统,其电动风扇由温控开关或控制器控制,且配有膨胀水箱。ANQ 型发动机冷却系统的结构如图 1-7-1 所示。

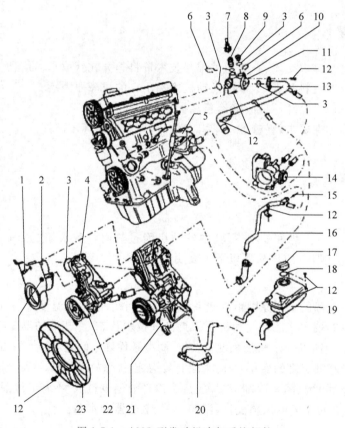

图 1-7-1　ANQ 型发动机冷却系统部件

1—螺栓(拧紧力矩为 20N·m);2—齿形皮带下部防护罩;3、18—O 形圈;4—水泵;5—机油冷却器;6—保持夹;7—连接插头;8—冷却液温度传感器(G62);9—塞子;10—通向热交换器;11—连接管;12—螺栓(拧紧力矩为 10N·m);13—上部冷却液管;14—节气门控制单元;15—从热交换器;16—下部冷却液管;17—塞盖;19—膨胀水箱;20—下部冷却液软管;21—组合支架;22—驱动皮带;23—风扇叶轮冷却系统的工作原理是利用发动机带动水泵和风扇,强制使冷却水循环,配合风扇带走热量。冷却强度可根据节温器和风扇热敏控制开关自动调节,从而使发动机工作在90℃左右的温度范围内,以保持发动机的技术状态。ANQ 发动机冷却液软管连接示意图如图 1-7-2 所示。

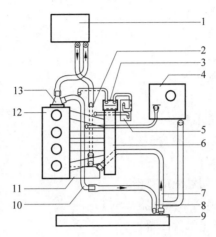

图 1-7-2　ANQ 发动机冷却液软管连接示意图

1—热交换器;2—底部冷却液管;3—节气门控制单元;4—膨胀水箱;5—机油冷却器;6—进气歧管;7—下冷却液软管;8—上冷却液软管;9—散热器;10—顶部冷却液管;11—冷却液泵/节温器;12—汽缸盖/缸体;13—管接头

二、故障检测与诊断

1. 发动机过热

(1) 故障现象

运行中的汽车,在百叶窗完全打开的情况下,水温表指针经常指在 100℃ 以上,且散热器伴随有"开锅"现象;燃烧室内出现"炽热点",发动机熄火困难;汽油机易发生爆燃或早燃,柴油机易发生早燃,工作粗暴、噪声和震动加剧。

(2) 故障主要原因及处理方法

① 冷却液不足。

处理方法:检查冷却系统容水量,散热器、水泵及冷却系统其他部位有无渗漏。若上述符合要求,应检查清洗冷却系统水垢。行驶中若水温表指示水温过高,而散热器下部温度并不高,则应解体发动机,检查汽缸垫是否冲破、汽缸内壁是否破损,缸体水套与汽缸是否沟通。按规定补充冷却液。

② 风扇皮带断裂或皮带装置松动使皮带打滑;节温器主阀门松脱;水泵叶轮松脱,冷却系统严统重漏水;汽缸垫冲坏。

处理方法:检查冷却系统有无渗漏;发动机机体温度高而散热器温度低,则水泵轴、水泵叶轮松脱,冷却水不能循环;若提高发动转速,电流表不指示充电,则风扇带松脱或打滑;冷车起动时发动机温度迅速升高,冷却水沸腾,应检查节温器主阀是否横卡在散热器进水管内。当冷却水沸腾,散热器下部温度不高,散热器口有气泡冒出时,应检查汽缸垫是否冲坏烧损。

③ 混合气过稀。

处理方法:调整混合气浓度。

④ 水套和分水管积垢或堵塞。

处理方法:清理水套和分水管。

⑤ 水泵工作性能不良。

处理方法:检修或更换水泵。

⑥ 点火时间不当。

处理方法:调整点火提前角。

⑦ 燃烧室内积炭过多。

处理方法:清洗燃烧室。

⑧ 风扇离合器接合时间过晚或打滑。

处理方法:检修或更换风扇离合器。

⑨ 散热器的进水管或出水管凹瘪。

处理方法:检修或更换散热器水管。

⑩ 节温器主阀门不能打开或打开时间过迟。

处理方法:检修或更换节温器。蜡式节温器结构及工作原理如图 1-7-3 和图 1-7-4 所示。

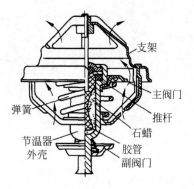

图 1-7-3　蜡式节温器结构图

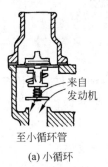

(a) 小循环　　　　(b) 大循环

图 1-7-4　蜡式节温器工作原理图

⑪ 散热器内部水垢堵塞或外部过脏。

处理方法:清洗散热器。

⑫ 百叶窗不能完全打开。

处理方法:检修百叶窗及控制机构。

⑬ 电动风扇性能不良。

处理方法:检修或更换电动风扇。

⑭ 温控开关或水温传感器和控制器失效。

处理方法:检修或更换温控开关、水温传感器或控制器。

（3）故障诊断方法

发动机过热故障诊断流程如图 1-7-5 所示。

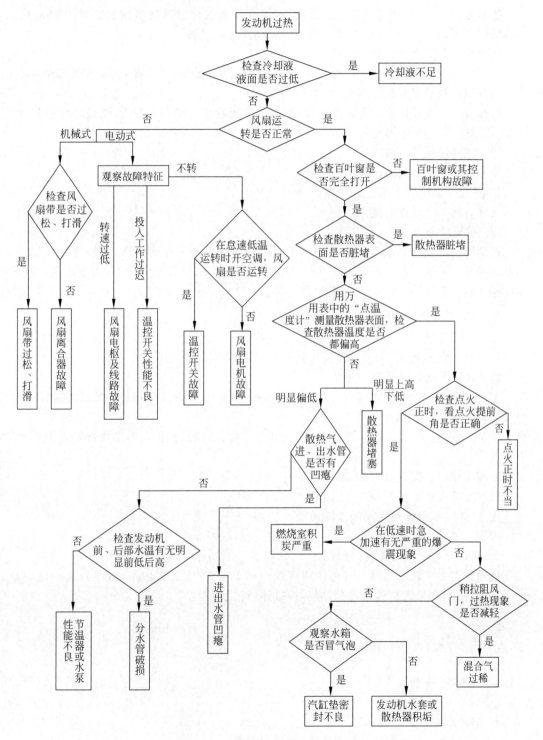

图 1-7-5　发动机过热故障诊断流程

2. 发动机过冷

（1）故障现象

冬季运行的汽车,在百叶窗完全关闭,水温表和水温传感器技术状况完好的情况下,发动机达不到正常的工作温度;发动机动力不足,油耗增加。

（2）故障主要原因及处理方法

① 百叶窗未关或无法调节,在严寒地区未使用保温措施,节温器失效,导致起动时不能迅速升温以保持发动机正常温度运转。

处理方法:检查百叶窗是否能关闭自如,若关闭后仍不能升高温度,则应考虑使用保温套;检查发动机节温器是否失效。

② 风扇离合器接合过早。

处理方法:检修或更换风扇离合器。

③ 温控开关闭合太早。

处理方法:检修或更换温控开关。

（3）故障诊断方法

发动机过冷故障诊断过程为首先检查百叶窗关闭情况;如能关严,则检查发动机节温器主阀是否常开;若节温器正常,则让发动机冷机起动,在升温过程中,测量水温,观察风扇离合器或温控开关是否接合或闭合过早。

3. 冷却水消耗过多

（1）故障现象

发动机有漏水现象,冷却液液面下降过快,需经常添加冷却液。

（2）故障主要原因及处理方法

① 散热器损坏,水泵密封不良和管路接头损坏、松动等造成冷却系统外部渗漏。

处理方法:更换相关零部件。

② 汽缸垫损坏、缸体缸盖水套破裂、汽缸盖翘曲、缸盖螺栓松动等造成冷却系统内部渗漏。

处理方法:更换、检修相关零部件。

（3）故障诊断方法

① 检查冷却系统有无外部渗漏现象。

处理方法:重点检查软管、接头、散热器芯和水泵等部位。

② 检查冷却系统有无内部渗漏。

处理方法:一般内部渗漏时会伴随有发动机无力、排气管排白烟、散热器有气泡、机油液面升高、机油呈乳白色等现象,应拆检缸体、缸盖和缸垫。

 相关技能

一、准备活动

1. 准备设备

实训车一辆、冷却液冰点检测仪、常用维修工具。

2. 学生分组

每 5 名学生为一小组,实训时,4 名学生负责检查诊断,1 名学生负责工作过程记录。

二、实施内容

发动机过热故障诊断如下。

1. 填写车辆基本信息

请将车辆基本信息填写在表 1-7-1 中。

表 1-7-1　车辆基本信息

车型		生产日期		制造厂	
车辆识别码			发动机型号		

2. 进行基本检查

(1) 检查冷却液液面是否过低

检查结果及处理方式:＿＿＿＿＿＿＿＿＿＿＿＿＿＿＿＿＿＿＿＿＿。

(2) 检查温控装置,电动风扇

检查结果及处理方式:＿＿＿＿＿＿＿＿＿＿＿＿＿＿＿＿＿＿＿＿＿。

(3) 检查散热器

检查结果及处理方式:＿＿＿＿＿＿＿＿＿＿＿＿＿＿＿＿＿＿＿＿＿。

(4) 检查节温器

检查结果及处理方式:＿＿＿＿＿＿＿＿＿＿＿＿＿＿＿＿＿＿＿＿＿。

(5) 检查水泵

检查结果及处理方式:＿＿＿＿＿＿＿＿＿＿＿＿＿＿＿＿＿＿＿＿＿。

(6) 拆检水套水道水管

检查结果及处理方式:＿＿＿＿＿＿＿＿＿＿＿＿＿＿＿＿＿＿＿＿＿。

(7) 检查是否发动机工作不良

检查结果及处理方式:＿＿＿＿＿＿＿＿＿＿＿＿＿＿＿＿＿＿＿＿＿。

三、故障排除结果验证

(1) 检查发动机运行一段时间后冷却液液面高度是否正常。

（2）检查冷却液水管接头是否连接可靠。

（3）起动发动机，待发动机暖机后，使汽车在路上行驶，检查发动机是否出现过热现象。

故障排除验证结果：＿＿＿＿＿＿＿＿＿＿＿＿＿＿＿＿＿＿＿＿＿。

 知识与技能拓展

冷却系统的维护步骤如下。

一、冷却液的检查和补充

在正常使用中，每月至少检查一次冷却液的液面高度。在炎热的夏天，检查次数应更多些。设有膨胀水箱的冷却系统，检查冷却液液面高度不用打开散热器盖，只需观察膨胀水箱中的液面即可。一般的膨胀水箱上都标有液面高度标记。如桑塔纳轿车冷却液液面应在"max"（上限）和"min"（下限）之间。如液面位于下限以下，即应该往膨胀水箱中加注冷却液，直到液面达到规定位置。补充冷却液时应注意，目前车用冷却液中都加有防腐、防冻、防沸、防垢、防穴蚀和润滑添加剂，尽可能使用厂家推荐的冷却液，并按厂家推荐的使用方法使用，不可随意往冷却液中直接加水。一般情况下，应尽量少打开散热器盖，防止冷却液损失和空气进入冷却系统。

二、冷却系统的清洁

保持冷却系统的清洁是提高冷却系统散热效能的重要条件，冷却系统的清洁工作包括内部清洗和外部清洁两部分。冷却系统的内部清洗建议使用免拆洗清洗机进行。当冷却系统部件内积垢较多时，也可采用化学溶剂手工清洗。冷却系统的外部清洁主要检查散热器散热片、百叶窗、风扇和各软管有无变形和脏污，若有则应进行修正和清洗。

三、风扇带的检查与调整

风扇带使用一段时间后，因为磨损或其他原因，带变松，因此应经常检查和调整风扇带的张紧度。风扇带张紧度的常用检查方法是用 30～40N 的压力按压风扇带轮和发电机带轮之间的带上，测量其下弯距离是否符合标准。若不符合规定，则可调整发电机的安装位置使其合格。此外还要检查带表面有无油污和裂纹，若有油污则应清洗擦拭干净；若有裂纹则应更换带。

四、冷却系统的密封性检查

冷却液消耗过多是指冷却液比正常情况下消耗过快的现象。其主要原因有冷却系统内部渗漏，冷却系统外部渗漏和散热器盖开启压力过低。通常通过目测检查外部有没有漏水的痕迹，确定有无外部渗漏；通过检查机油是否发白（乳化）或在发动机水温正常时排气是否冒白烟确定内部是否渗漏。此外，还可用专用手动压力测试器进行就车检测，其方法如图 1-7-6 所示。

　　在冷却系统中注满水,用专用接头将测试器和散热器水箱密封连接,用手推测试器,使测试器压力表指示 0.10MPa,保持不动,在 5min 内压力不应下降,同时观察冷却系统外部各密封处有无漏水现象。漏水处即为不密封部位,若外部无漏水现象,而压力下降过快,则说明内部有泄漏。

　　若无内外渗漏,则让发动机冷机起动,在升温过程中,观察在水温表或报警器指示水温正常的情况下散热器是否有蒸气逸出,若有则散热器盖蒸气阀有故障。散热器盖如图 1-7-7 所示。同样也可使用上述专用手动压力测试器进行散热器盖的检查。将盖与测试器装在一起,用手推测试器,使压力升高,检查密封性能和阀的开启压力。在散热器检修中也可使用该测试器进行散热器密封性的检查。

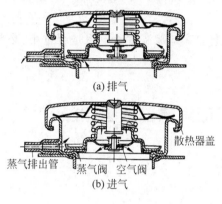

图 1-7-6　冷却液密封性的就车检查

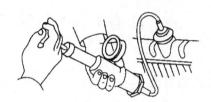

图 1-7-7　散热器盖

诊断案例

一、故障现象

　　有一辆 96 款桑塔纳轿车,水温报警灯闪亮不灭,水温在 50℃时就报警,更换水温传感器和冷却液液位控制器故障依旧。

二、故障排除

　　该车发动机水温报警装置系统包括:冷却液温度表(电热式)、冷却液温度表传感器、稳压器(与燃油表共用)、冷却液温度指示灯及冷却液不足指示控制器等。

　　冷却液温度表传感器的电阻为负温度系数的热敏电阻,当发动机水温达到 115℃左右时,冷却液温度表传感器阻值为 62Ω,此时冷却液温度表指针指示满刻度,同时冷却液温度、液位指示灯应闪烁报警。当发动机冷机时,冷却液温度表传感器电阻值为 500Ω,冷却液温度表指针指示左面低位刻度。在正常情况下,当接通电源开关后,冷却液温度、液位指示灯闪烁 5s 左右(约 10 次)后自动熄灭,如冷却液液位低,而温度高于 115℃,报警灯应闪烁不止。此车更换了冷却液温度表传感器和冷却液不足指示器,冷却液温度表指针不论在何处,报警灯均闪亮不灭,遇到这种情况的检修方法如下。

（1）冷却液温度表显示的温度值是否与实际水温相差过大,重点检修以下两个方面。

① 冷却液温度传感系统电路是否有短路或与其他电路串联,造成报警灯常亮。

② 检查冷却液温度表稳压器是否工作正常,它的损坏会使冷却液温度表传感器传来的准确电阻值无法在冷却液温度表上正确显示出来,致使警报灯误闪,必要的情况下进行更换。

（2）冷却液不足报警与实际液位不相符。虽然冷却液不足指示器已更换新件,但还要仔细查看溢水壶上的凹沟内是否有积水。拔下指示器开关上的电线插头,检查电线插孔内是否有水而造成错误报警,并用万用表检测电路是否有短路现象,如有应排除线路故障。

（3）冷却液温度表损坏造成错误报警。查看冷却液温度表电阻是否过小,必要的情况下进行修理或更换。

项目 1.8　发动机排放异常的故障诊断

项目要求

（1）能通过与客户交流、查阅相关维修技术资料等方式获取车辆信息。

（2）通过查阅资料和观摩,掌握发动机排放异常的故障原因。

（3）掌握发动机排放异常故障诊断流程。

（4）能根据环保要求,妥善处理辅料、废弃液体和已损坏零部件。

项目载体

1. 故障案例

桑塔纳 3000 型轿车在行驶中发现排气管冒黑烟、动力不足。车主将车辆开到修理厂进行检修,产生故障的原因较多,如何检测才能找到故障部位呢?

2. 故障分析

发动机排气异常,根据表现程度不同可分为排气烟色异常和排气有害物超标两类。发动机正常工作时,排气管排出的废气是无色透明的气体,只有在短时间内接近全负荷运转或起动时,废气才呈现灰色或深灰色。当汽车由于机械故障或排放控制装置出现故障时,引起发动机出现排气烟色异常,并往往伴随着发动机动力不足,混合气燃烧不完全,排气管放炮,油耗增加,汽缸内大量积炭等现象。要正确排除该故障,需要熟悉以下相关知识。

项目链接

一、相关知识

1. 排气系统的作用及组成

排气系统的作用是将发动机燃烧做功后的废气排到大气中。排气系统主要由排气歧管、排气消声器等组成,电控燃油喷射系统汽油机的排气系统多带有三元催化转换器。

典型的排气系统包括以下各种部件:排气歧管、排气管及密封垫、催化转化器、消声器、谐振器、尾管、隔热罩、卡箍、支架和悬吊、排气氧传感器。排气系统部件的分解图如图 1-8-1 所示。

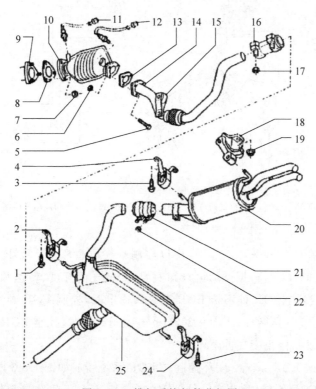

图 1-8-1　排气系统部件分解图

1、3、5、23—螺栓(拧紧力矩为25N·m);2、4、15、18、24—挂钩;6、19—螺母(拧紧力矩为25N·m);7—螺母(拧紧力矩为30N·m);8、13—密封垫;9—涡轮增压器;10—催化净化器;11—λ 传感器(拧紧力矩为55N·m,在催化净化器前面);12—λ 传感器(拧紧力矩为55N·m,在催化净化器后面);14—前排气管;16—前卡箍;17、22—螺母(拧紧力矩为40N·m);20—后消音器;21—后卡夹;25—中间消音器

排气系统的所有部件都被设计得与汽车的底部空间相适应,并与道路保持一定的安全距离。

注意：检查和维修排气系统时，要谨记在发动机运转时排气系统的零部件温度都会变得很高，与其接触会导致严重烧烫伤，而且在汽车下方作业时一定要戴上安全眼镜或护目镜。

2. 排气控制系统

(1) 废气再循环 EGR 系统

废气再循环系统的作用是在适当时刻，将一部分废气（EGR 率 10%～20%）引入进气系统，与新鲜的燃油混合气混合，使混合气变稀，从而降低了燃烧速度，燃烧温度随之下降，从而有效地减少 NO_x 的生成。

① 开环控制 EGR 系统。ECU 控制的开环控制 EGR 系统如图 1-8-2 所示，主要由 EGR 阀和 EGR 电磁阀等组成。

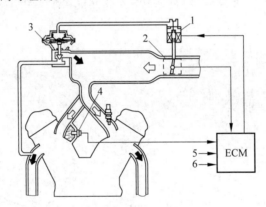

图 1-8-2　ECU 控制的开环控制 EGR 系统

1—EGR 电磁阀；2—节气门位置传感器；3—EGR 阀；4—冷却液温度传感器；
5—曲轴位置传感器；6—起动信号

EGR 阀安装在废气再循环通道中，用以控制废气再循环量。EGR 电磁阀安装在通向 EGR 真空通道中，ECU 根据发动机冷却液温度、节气门开度、转速和起动等信号来控制电磁阀的通电或断电。ECU 不给 EGR 电磁阀通电时，控制 EGR 阀的真空通道接通，EGR 阀开启，进行废气再循环；ECU 给 EGR 电磁阀通电时，控制 EGR 阀的真空度通道被切断，EGR 阀关闭，停止废气再循环。

② 闭环控制式 EGR 系统。闭环控制式 EGR 系统组成如图 1-8-3 所示。

闭环控制式 EGR 系统，检测实际的 EGR 率或 EGR 阀开度作为反馈控制信号，其控制精度更高。与开环相比，只是在 EGR 阀上增设一个 EGR 阀开度传感器。控制原理：EGR 率传感器安装在进气总管中的稳压箱上，新鲜空气经节气门进入稳压箱，参与再循环的废气经 EGR 电磁阀进入稳压箱，传感器检测稳压箱内气体中的氧浓度，并转换成电信号送给 ECU，ECU 根据此反馈信号修正 EGR 电磁阀的开度，使 EGR 率保持在最佳值。

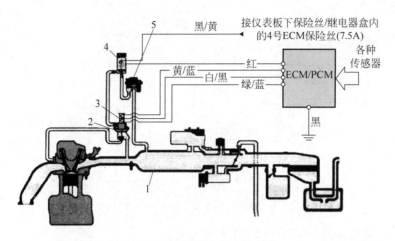

图 1-8-3 闭环控制式 EGR 系统

1—进气歧管；2—EGR 阀；3—EGR 阀位置传感器；4—EGR 控制电磁阀；5—EGR 真空控制阀

（2）燃油蒸气排放（EVAP）控制系统

燃油蒸气排放控制系统的作用是收集燃油箱和浮子室内的燃油蒸气，并将燃油蒸气导入汽缸参加燃烧，从而防止燃油蒸气直接排至大气而造成污染。同时，根据发动机工况，控制导入汽缸参加燃烧的燃油蒸气量。

如图 1-8-4 所示，油箱的燃油蒸气通过单向阀进入碳罐上部，空气从碳罐下部进入清洗活性炭，在碳罐右上方有一定量排放小孔及受真空控制的排放控制阀，排放控制阀内部的真空度由碳罐控制电磁阀控制。

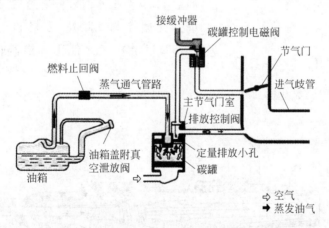

图 1-8-4 燃油蒸发控制系统示意图

发动机工作时，ECU 根据发动机转速、温度、空气流量等信号，控制碳罐电磁阀的开闭来控制排放控制阀上部的真空度，从而控制排放控制阀的开度。当排放控制阀打开时，燃油蒸气通过排放控制阀被吸入进气歧管。

在部分电控 EVAP 控制系统中，碳罐上不设真空控制阀，而将受 ECU 控制的电磁阀直接装在碳罐与进气管之间的吸气管中。图 1-8-5 所示为韩国现代轿车装用的电控 EVAP 控制系统。

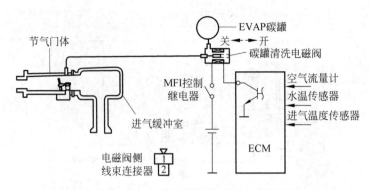

图 1-8-5 韩国现代轿车电控 EVAP 控制系统

（3）三元催化转换器与空燃比反馈控制系统

① 三元催化转换器（TWC）。三元催化转换器的作用是利用转换器中的三元催化剂，将发动机排出废气中的有害气体转变为无害气体。大多数三元催化转换芯子以蜂窝状陶瓷作为承载催化剂的载体，在陶瓷载体上浸渍铂（或钯）和铑的混合物作为催化剂。三元催化转换器的构造如图 1-8-6 所示。

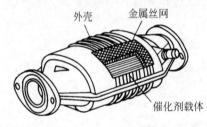

图 1-8-6 三元催化转换器

对三元催化转换器转换效率影响最大的因素是混合气的浓度和排气温度。只有在理论空燃比14.7 附近，三元催化转化器的转化效率最佳。三元催化转换器一般都装有氧传感器检测废气中的氧的浓度，氧传感器信号输送给 ECU，用来对空燃比进行反馈控制。此外，发动机的排气温度过高（815℃以上），三元催化转换器转换效率将明显下降。

② 氧传感器。氧化锆式氧传感器结构如图 1-8-7 所示。氧化钛式氧传感器结构如图 1-8-8 所示。

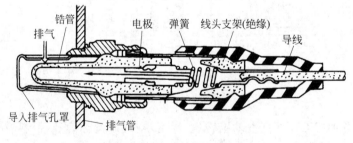

图 1-8-7 氧化锆式氧传感器结构

氧传感器用来检测排气中的氧含量，以确定实际空燃比是比理论空燃比低还是高，并且向 ECU 反馈相应的电压信号，ECU 根据氧传感器反馈的空燃比高低信号来控制喷油量的减少或增加。信号电压范围：0.1～0.9V。ECU 收到小于 0.45V 电压信号，确认混合气稀；收到大于 0.45V 电压信号,确认混合气浓。

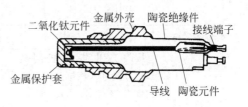

图 1-8-8 氧化钛式氧传感器结构

氧化锆只有在 400℃ 以上温度时才会工作,为了保证发动机在进气量小,排气温度低的时候也能正常工作,常采用加热型氧传感器。

氧化钛式氧传感器是电阻型气敏传感器。当废气中的氧浓度高时,二氧化钛的电阻值增大；废气中的氧浓度低时,二氧化钛电阻值减小。利用适当电路对电阻变量进行处理,即可转换成电压信号输送给 ECU,用来确定实际的空燃比。

用氧传感器监控空燃比,氧传感器控制电路如图 1-8-9 所示。空燃比控制为闭环控制,当实际空燃比比理论空燃比小时,氧传感器向 ECU 输入高电压信号(0.75～0.9V)。此时 ECU 减小喷油量,空燃比增大。当空燃比增大到理论空燃比时,氧传感器输出电压信号将突变下降至 0.1V 左右,ECU 立即控制增加喷油量,空燃比减小。如此反复,就能将空燃比精确地控制在理论空燃比附近一个极小的范围内。

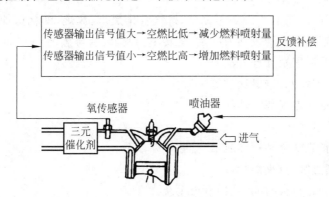

图 1-8-9 氧传感器控制电路

排放控制系统零部件功能、故障及车辆故障现象见表 1-8-1。

表 1-8-1 排放控制系统零部件功能、故障及车辆故障现象

零部件名称	功　　能	零部件常见故障	车辆故障现象
EGR 阀	控制进入汽缸的废气量,降低燃烧温度,以减少 NO_x 的排放量	卡滞在开启位置	冷车起动困难、冷车易熄火、急加速不良、加速易熄火
PCV 阀	将窜缸混合气和机油蒸气引入进气管,以降低污染排放	卡滞、堵塞	起动困难、无怠速或怠速不稳、加速无力油耗增加
碳罐	收集燃油箱蒸发的燃油蒸气	活性炭吸附性能衰退	排放超标

续表

零部件名称	功　能	零部件常见故障	车辆故障现象
碳罐电磁阀	接收 ECU 指令,控制燃油蒸气进入汽缸	断路、卡滞	排放超标
催化转换器	将有害气体 CO、HC 和 NO_x 催化转化	堵塞、破损、性能衰退	加速不良、易熄火、排放超标
氧传感器	监测排气歧管中的氧含量以供 ECU 控制、修正 A/F 监测催化转换器后排气管的氧含量,监测其催化效果	短路或断路,性能衰退	怠速不稳、油耗大、排放超标

二、故障检测与诊断

1. 汽油机冒黑烟

(1) 故障现象

发动机动力不足,混合气燃烧不完全,排气管排黑烟、放炮,油耗增加,汽缸内大量积炭;柴油机冒黑烟则为发动机动力不足,运转不稳,排气管排黑烟,加速时出现敲击声。

(2) 故障主要原因及处理方法

① 空气滤清器堵塞,空燃比过低。

处理方法:更换空气滤清器。

② 燃油喷量过多,燃烧不完全。

处理方法:检查油路和喷油质量,排除油路故障。

③ 点火时间过晚,点火能量过弱。

处理方法:调整点火时间,维护点火系统。

④ 汽缸漏气,压缩比下降,缸压过低。

处理方法:进行发动机修理,更换磨损件,恢复汽缸压缩。

⑤ 发动机负荷过大。

处理方法:避免长时间超载、超速运行。

(3) 故障诊断流程

发动机冒黑烟故障诊断流程如图 1-8-10 所示。

2. 发动机排气冒白烟

(1) 故障现象

发动机动力不足,运转不均匀,排气管冒白烟。注意,在气温较低的冬季,发动机冷起动后往往冒白烟,但当发动机热机后白烟能自行消失,这是正常现象。

(2) 故障主要原因及处理方法

① 燃油或机油中含有水。

处理方法:更换燃油。

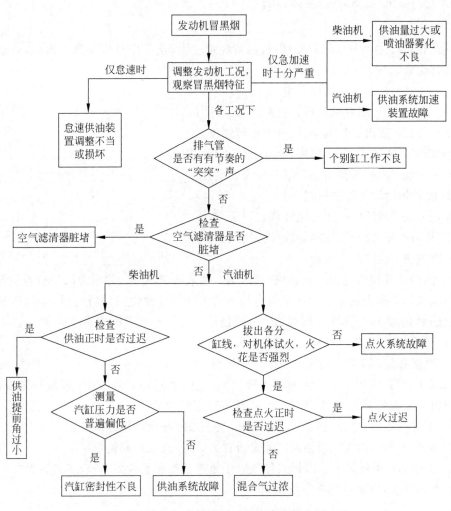

图 1-8-10 发动机冒黑烟故障诊断流程

② 发动机汽缸体、汽缸盖有裂纹。

处理方法：修复、更换发动机或汽缸盖。

③ 汽缸垫损坏使冷却液进入燃烧室。

处理方法：更换汽缸垫。

（3）故障诊断方法

首先检查燃油是否掺杂有水；其次检查机油液面是否上升或机油是否呈乳状。若是说明汽缸盖或汽缸体有裂纹；若无则在冷车时取下水箱盖，起动发动机，观察水箱口的冷却水是否呈沸腾状态并排出大量气泡，若是则故障为汽缸垫损坏。有时，柴油机喷油器喷雾质量不佳或汽缸压缩压力不足也会造成排气冒白烟。若发动机刚起动时冒白烟，温度升高后冒黑烟，通常是汽缸压力过低造成的。

3. 发动机排气冒蓝烟的故障诊断

（1）故障现象

汽车在运行过程中排气冒蓝烟，机油消耗量过大，这是由于机油窜入汽缸，未经燃烧随废气排出引起的。

（2）故障主要原因及处理方法

① 机油液面过高或机油压力过高。

处理方法：放出多余机油、检查调整机油压力。

② 活塞环装错或磨损、损坏，汽缸与活塞环间隙过大。

处理方法：检查调整活塞环间隙和安装位置。

③ 曲轴箱通风装置进风过多。

处理方法：清洗曲轴箱通风装置。

④ 气门杆与气门导管的间隙过大，气门油封损坏。

处理方法：检调配气机构。

另外，若发动机装配废气涡轮增压器，增压器轴可能漏油。诊断方法是检查涡轮轴的径向和轴向间隙是否过大。制动系统空气压缩机润滑油多由发动机提供，空气压缩机可能是机油消耗源，检查方法是检查油水分离器或储气管中是否机油明显较多。

（3）故障诊断方法

① 测量缸压：若缸压过低，可去掉火花塞，在火花塞空中加入少许润滑油，再测缸压。若缸压升高，说明汽缸与活塞环间隙过大，应更换汽缸或活塞环；若缸压未升高，说明气门组或缸垫处漏气，应更换气门组或检查缸盖平面度、更换汽缸垫。

② 检查曲轴箱通风装置是否工作良好，更换或维修曲轴箱通风装置。

③ 检查废气涡轮增压器轴向间隙是否过大，更换或维修涡轮增压器。

④ 检查制动系统油水分离器或储气管中是否机油明显较多，若较多则说明空气压缩机处润滑油流失，更换或维修空气压缩机。

 **相关技能**

一、准备活动

1. 准备设备

实训车一辆、常用维修工具、正时枪。

2. 学生分组

每 5 名学生为一小组，实训时，4 名学生负责检查诊断，1 名学生负责工作过程记录。

二、实施内容

发动机冒黑烟故障诊断如下。

1. 填写车辆基本信息

请将车辆信息填写在表 1-8-2 中。

车型		生产日期		制造厂	
车辆识别码			发动机型号		

2. 进行基本检查

(1) 调整发动机工况,观察冒黑烟特征。

检查结果及处理方式:＿＿＿＿＿＿＿＿＿＿＿＿＿＿＿＿＿＿＿＿＿＿＿。

(2) 检查排气管是否有有节奏的"突突"声。

检查结果及处理方式:＿＿＿＿＿＿＿＿＿＿＿＿＿＿＿＿＿＿＿＿＿＿＿。

(3) 检查空气滤清器是否脏堵。

检查结果及处理方式:＿＿＿＿＿＿＿＿＿＿＿＿＿＿＿＿＿＿＿＿＿＿＿。

(4) 拔出各分缸线,对机体试火,火花是否强烈。

检查结果及处理方式:＿＿＿＿＿＿＿＿＿＿＿＿＿＿＿＿＿＿＿＿＿＿＿。

(5) 检查点火正时是否过迟。

检查结果及处理方式:＿＿＿＿＿＿＿＿＿＿＿＿＿＿＿＿＿＿＿＿＿＿＿。

三、故障排除结果验证

起动发动机,待发动机暖机后,行驶车辆,检查发动机排放是否正常。

故障排除验证结果:＿＿＿＿＿＿＿＿＿＿＿＿＿＿＿＿＿＿＿＿＿＿＿。

 知识与技能拓展

为贯彻《中华人民共和国大气污染防治法》,防治环境污染,保护和改善生活环境和生态环境,保障人体健康,国家环境保护总局在 2005 年制订了《车用压燃式、气体燃料点燃式发动机与汽车排气污染物排放限值及测量方法(中国Ⅲ、Ⅳ、Ⅴ阶段)》等四项标准,并于 2007 年 1 月 1 日起正式实施。

1. 汽油车排气污染物的标准及检测

(1) 汽油车排气污染物的检验标准

国家标准《点燃式发动机汽车排气污染物排放限值及测量方法(双怠速法及简易工况

法)》(GB 18285—2005),是我国在用汽车排气污染物限值及测试方法的国家标准。该标准中的加速模拟工况试验限值及试验方法,是参照美国国家环保局标准《加速模拟工况试验规程、排放标准、质量控制要求及设备技术要求技术导则》(EPA-AA-RSPD-IM-96-2)制订的,使我国治理在用汽车排气污染走上了更为严格的道路。

在国家标准中,对于装配点燃式四冲程发动机的在用汽车,排放污染物的治理都有明确的时间阶段和具体的限值。

(2)汽油车排气污染物的检测

发动机排气异常故障一般使用仪器诊断。FGA-4100型汽车排气分析仪(五气分析仪)如图1-8-11所示,各部件名称及作用见表1-8-3。

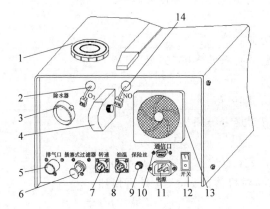

图 1-8-11　FGA-4100 型汽车排气分析仪结构图

表 1-8-3　FGA-4100 型汽车排气分析仪各部件名称及作用

图中序号	名　　称	作　　用	备　　注
1	粉尘过滤器	过滤尾气中灰尘	
2	氧传感器信号线	连接氧传感器	
3	除水器座	安装除水器和密封圈	
4	传感器座	安装氧传感器和 NO 传感器	4G 无 NO
5	排口	废气和冷凝水出口	
6	插塞式过滤器	过滤冷凝水中杂质	
7	转速传感器座	连接转速传感器	
8	油温传感器座	连接油温传感器	
9	保险丝	安装保险丝	
10	通信口	和计算机进行串行通信	
11	电源插座	连接 220V 电源线	
12	电源开关	开关仪器电源	
13	风扇	仪器散热	
14	NO 传感器信号线	连接 NO 传感器	4G 无 NO

FGA-4100 型汽车排气分析仪的使用流程如图 1-8-12 所示。

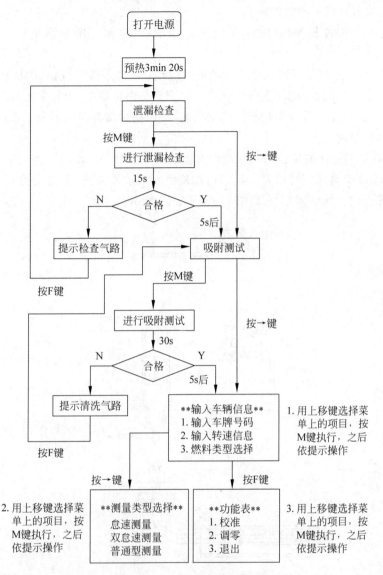

图 1-8-12 FGA-4100 型汽车排气分析仪的使用流程

2. 柴油车排气污染物的标准及检测

（1）柴油车排气污染物的检验标准

柴油车排出的烟色主要有黑烟、蓝烟和白烟三种。其中，以柴油机在全负荷和加速工况时排除的黑色炭烟最为常见。黑烟的发暗程度用排气烟度表示，排气烟度用烟度计检测。烟度计可分为滤纸式、透光式、重量式等多种形式。

国家标准《车用压燃式发动机和压燃式发动机汽车排气烟度排放限值及测量方法》（GB 3847—2005）在 2005 年 7 月 1 日起已正式实施。

在国家标准中，对于装配压燃式四冲程发动机的在用汽车，排放烟度和污染物治理都有明确的时间阶段和具体的限值。

（2）柴油车排气污染物的检测

柴油车排气烟度检测时，常采用滤纸式烟度计，检测工况和测量程序都有具体的规定。

① 基本检测原理。滤纸式烟度计的测量原理：用一个活塞式抽气泵，从柴油机排气管中抽取一定容积的废气，使它通过一张一定面积的白色滤纸，废气中的炭烟存留在滤纸上，使其染黑。用检测装置测定滤纸的染黑度，再由指示装置指示出来。该染黑度即代表柴油车的排气烟度。

② 滤纸式烟度计的结构与工作原理。滤纸式烟度计是应用最广泛的烟度计之一，有手动、半自动和全自动三种形式。其结构都是由废气取样装置、染黑度检测与指示装置、控制装置等组成。滤纸式烟度计结构如图 1-8-13 所示。

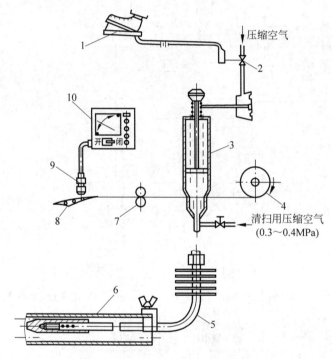

图 1-8-13　滤纸式烟度计结构

1—脚踏开关；2—电磁阀；3—轮气泵；4—滤纸卷；5—取样探头；6—排气管；
7—进给机构；8—染黑的滤纸；9—光电传感器；10—指示仪表

 诊断案例

一、故障现象

一辆宝来 1.8L 轿车，加速不起，踩加速踏板后发动机无反应。

二、故障诊断

　　用发动机检测仪(V. A. S5051)读取发动机故障码,其故障码有节气门电位计 G69,氧传感器加热线故障。故此初步怀疑为电子加速踏板失效导致,更换电子油门后,发现故障依然存在,再检查氧传感器,发现氧传感器线束因温度过高已脱皮而短路,同时发现三元催化器有高温的现象,由此可判断为由于三元催化器阻塞,导致温度过高,将氧传感器线束溶化而短路,同时又导致发动机控制单元的破坏。

三、故障排除

　　更换三元催化器、氧传感器与发动机控制单元后,故障解决。

四、故障点评

　　三元催化器堵塞故障往往不被人注意。火花塞发黑,说明燃烧不良。缸压正常,说明燃烧室密封良好。检查氧传感器,即可发现故障的蛛丝马迹。

模块 **2**

汽车底盘故障诊断

项目 2.1　离合器工作不良的故障诊断

项目要求

（1）能通过与客户交流、查阅相关维修技术资料等方式获取车辆信息。

（2）通过查阅资料和观摩,掌握离合器工作不良的故障原因。

（3）掌握离合器工作不良故障诊断流程。

（4）能根据环保要求,妥善处理辅料、废弃液体和已损坏零部件。

项目载体

1．故障案例

一辆别克凯越轿车,汽车起步时,放松制动踏板,发动机动力不能完全传至变速器主动轴,使得汽车动力性下降、油耗增加和起步困难;汽车加速时,车速不能随发动机转速提高而加快,且行驶无力;汽车上坡无力,打滑明显,会有焦臭味。

2．故障分析

当汽车出现起步困难、加速无力、驾驶员反映发动机明显"丢转"时,常常是由于离合器工作不良造成的。离合器是汽车传动系统中直接与发动机相联系的部件,它起着动力和传动系统的切断与结合作用。对离合器进行故障诊断和排除,首先应熟悉离合器的相关知识。

一、相关知识

1. 传动系统的总体构造

汽车底盘由传动系统、行驶系统、转向系统和制动系统组成。

汽车传动系统的基本功用是将发动机发出的动力传给驱动车轮,其首要任务是与发动机协同工作,以确保汽车能在不同的使用条件下正常行驶,并具有良好的动力性和燃料经济性。传动系统一般由离合器、变速器、万向传动装置、主减速器、差速器和半轴等组成。根据布置方式的不同,汽车传动系统的驱动方式可分为发动机前置后轮驱动(FR)、发动机前置前轮驱动(FF)、发动机后置后轮驱动(RR)和四轮驱动(4WD)。

桑塔纳 2000 型轿车是发动机前置前轮驱动的汽车,其传动系统中的离合器、变速器、主减速器、差速器及传动轴均布置在前桥附近,且变速器、主减速器、差速器安装在一个外壳之内,结构布置紧密,如图 2-1-1 所示。

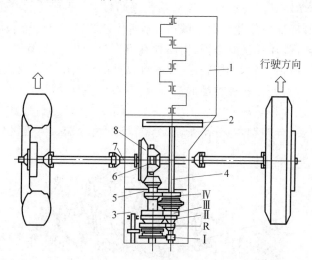

图 2-1-1 桑塔纳轿车传动系统(手动挡)示意图

1—发动机;2—离合器;3—变速器;4—变速器输入轴;5—变速器输出轴;6—差速器;7—传动轴;8—主减速器;Ⅳ—4 挡齿轮;Ⅲ—3 挡齿轮;Ⅱ—2 挡齿轮;R—倒挡齿轮;Ⅰ—1 挡齿轮

采用前轮驱动方式,减少了传动系统的功率损失,提高了传动效率;取消了后轮驱动方式的传动轴机构,简化了轿车结构,减轻了自重,降低了传动系统的噪声;减小了传动系统的外形尺寸,加大了轿车内部空间;提高了轿车行驶时的操纵性和稳定性;减少了燃油消耗量,提高了整车的经济性和动力性。

发动机把动力传给离合器、变速器、主动齿轮输出轴、差速器,再由半轴和万向传动,驱动前轮转动。

发动机前置后轮驱动传动系统的布置如图 2-1-2 所示。

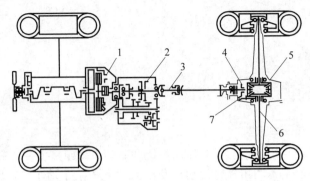

图 2-1-2　发动机前置后轮驱动传动系统布置

1—离合器；2—变速器；3—传动轴；4—驱动桥；5—差速器；6—半轴；7—主减速器

　　发动机的动力通过离合器传给变速器，经过变速器的变速、变扭、变向后，动力再经过万向装置向后传递到驱动桥；驱动桥中的主减速器减速增扭后，再经过差速器把增扭后的动力传给半轴、驱动轮，通过地面附着力驱动车辆运行。

2. 离合器的总体结构

　　离合器的具体功用是使发动机与传动系统逐渐接合，保证汽车平稳起步；暂时切断发动机的动力传动，保证变速器换挡平顺；限制所传递的转矩，防止传动系统过载等。汽车上常用的离合器有膜片弹簧离合器、周布弹簧离合器和中央弹簧离合器。膜片弹簧离合器由于结构简单，磨损均匀，操作轻便，在各种类型的汽车上都广泛应用。

　　膜片弹簧离合器目前在各种类型的汽车上都广泛应用，桑塔纳 2000 GLi 型轿车离合器采用单片、干式、膜片弹簧离合器，如图 2-1-3 和图 2-1-4 所示。它主要由离合器盖、压盘、从动盘、膜片弹簧、分离轴承、分离套筒、分离叉轴、离合器拉索等组成。

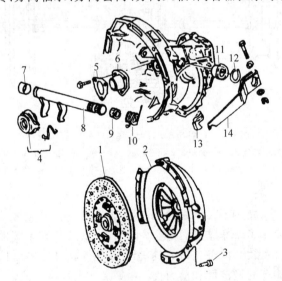

图 2-1-3　离合器的结构(一)

1—离合器从动盘；2—膜片弹簧与压盘；3—分离轴承；4—分离套筒；5—分离叉轴；6—离合器拉索；7、14—分离叉轴传动杆；8—回位弹簧；9—卡簧；10—橡胶防尘套；11—轴承衬套；12—挡圈；13—支架

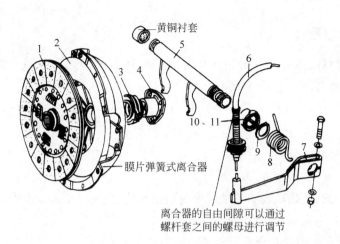

图 2-1-4 离合器的结构(二)

1—离合器从动盘；2—膜片弹簧与压盘；3—分离轴承；4—分离套筒；5—分离轴；
6—拉索；7—传动杆；8—弹簧；9—卡簧；10、11—轴承套及密封件

桑塔纳 2000 GSi 型轿车离合器与桑塔纳 2000 GLi 型轿车离合器结构基本相同,只是操纵系统不是采用拉索式,而是采用液压操纵系统。采用液压操纵系统具有摩擦阻力小、布置方便、接合柔和,在长期工作中不会引起离合器踏板力明显增加,可减轻驾驶员的劳动强度等优点。桑塔纳 2000 GSi 型轿车离合器液压操纵系统由离合器踏板、储液罐、进油软管、离合器主缸、离合器工作缸、油管总成、分离叉、分离轴承等组成,如图 2-1-5 所示。

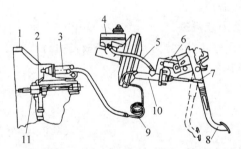

图 2-1-5 离合器液压操纵系统

1—变速器壳体；2—分离叉；3—工作缸；4—储液罐；5—进油软管；6—助力弹簧；
7—推杆接头；8—离合器踏板；9—油管总成；10—主缸；11—分离轴承

桑塔纳 2000 GSi 型轿车离合器主要性能指标见表 2-1-1。

表 2-1-1 桑塔纳 2000 GSi 型轿车离合器主要性能指标

项　目	参　数
离合器踏板行程	131.8～139.1mm
离合器踏板最大踏板力	122.2N(不计回位弹簧的作用)
系统压力	0.222MPa

二、故障诊断

离合器的常见故障部位有飞轮与从动盘接触面、从动盘、压盘、膜片弹簧（或分离杠杆）、分离叉、分离套筒、工作行程等。

离合器的常见故障主要有离合器打滑、离合器分离不彻底、离合器结合不稳和离合器异响。

1. 离合器打滑

（1）故障现象

离合器接合后，发动机动力不能完全传给驱动轮，出现汽车起步困难，油耗上升，发动机过热，加速不良等现象。

（2）故障主要原因及处理方法

离合器打滑的根本原因是压盘不能牢固地压在从动盘摩擦片上，或摩擦片的摩擦因数过小。

① 摩擦片烧损、硬化、有油污或磨损严重。

处理方法：视情况予以修理或更换。

② 膜片弹簧疲劳、开裂或失效。

处理方法：应予以更换。

③ 分离轴承运动发卡不能回位。

处理方法：应予以润滑或更换。

④ 压盘或飞轮变形、磨损。

处理方法：应予以磨平或更换。

⑤ 离合器操纵机构调整不当，导致离合器踏板自由行程过小。

处理方法：应予以调整。

⑥ 拉索发卡需润滑等。

处理方法：应予以润滑。

（3）故障诊断方法

① 检查离合器踏板自由行程，如不符合规定应予以调整。

② 如果自由行程正常，应拆下变速器壳，检查离合器与飞轮连接螺栓是否松动，如松动则予以拧紧。

③ 如果离合器仍然打滑，应拆下离合器，检查从动盘摩擦片的状况。如果有油污，一般可用汽油清洗并烘干，然后找出油污来源并设法排除。如果摩擦片磨损严重或有铆钉外露，应更换从动盘。

④ 如果从动盘完好，则应分解离合器，检查压紧弹簧，如果弹力过软则应更换。

离合器打滑故障诊断流程如图 2-1-6 所示。

2. 离合器分离不彻底

（1）故障现象

发动机怠速时，完全踩下离合器踏板，挂挡困难，常伴有齿轮撞击声；或在强行挂挡

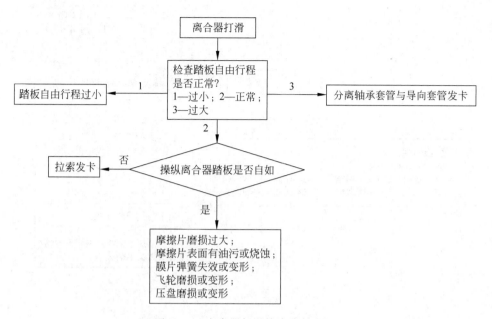

图 2-1-6　离合器打滑故障诊断流程

后,不松开离合器踏板,汽车就猛向前窜或发动机熄火。

（2）故障主要原因及处理方法

离合器分离不彻底的根本原因是离合器踏板踩到底时,压盘离开从动盘的移动量过小,或部件的变形导致压盘与从动盘摩擦片有所接触而不能彻底分离。

① 离合器踏板自由行程过大,应予以调整。

② 从动盘翘曲,应予以更换。

③ 压盘变形,应予以磨平或更换。

④ 摩擦片变形或铆钉松动,应予以修理或更换。

⑤ 膜片弹簧断裂或内端因调整不当而不在同一平面内（或分离杠杆变形,内端因调整不当而不在同一平面内）,应予以更换或调整。

⑥ 操纵机构发卡,应予以润滑。

⑦ 液压操纵系统漏油,系统内有空气或油量不足,应在常规检查中,进行排气或添加液压油等。

（3）故障诊断方法

① 检查离合器踏板自由行程,如果自由行程过大则进行调整。否则对于液压操纵机构,检查储液罐油量是否不足或管路中是否有空气,如果有空气需进行必要的排除。如果不是上述问题应继续检查。

② 检查分离杠杆内端高度,如果分离杠杆高度太低或不在同一平面,则进行调整。否则检查从动盘是否装反,如果都没有问题则继续检查。

③ 检查从动盘是否翘曲变形,铆钉是否脱落,从动盘是否轴向运动卡滞等,如果是则进行更换或修理。

离合器分离不彻底故障诊断流程如图 2-1-7 所示。

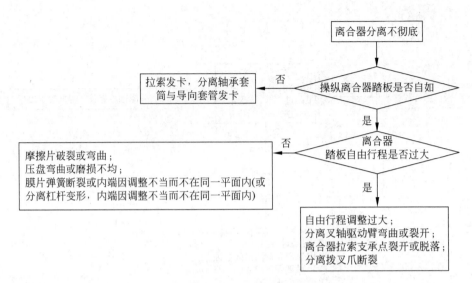

图 2-1-7　离合器分离不彻底故障诊断流程

3. 离合器发抖

（1）故障现象

汽车在起步过程中,缓放离合器踏板,轻踩加速踏板,离合器接合时出现抖振。表现为汽车不能平顺起步,伴有冲撞,严重时车身明显抖动。

（2）故障主要原因及处理方法

离合器接合不稳的根本原因是从动盘摩擦片表面与压盘表面、飞轮接触表面之间的正压力分布不均,在同一平面内的接触时间不同,使得主、从盘接合不平顺引起发抖。

① 操纵机构工作不畅,应予以检查排除或润滑。

② 从动盘翘曲,厚度不均或中间花键的配合间隙过大,应予以更换。

③ 压盘变形,应予以更换。

④ 离合器盖松动,应予以紧固。

⑤ 飞轮端面圆跳动超标,应予以更换。

⑥ 膜片弹簧本身弹力不均、断裂或内端因调整不当而不在同一平面内（或分离杠杆变形,内端由于调整不当而不在同一平面内）,应予以更换或调整。

（3）故障诊断方法

① 检查离合器踏板、分离轴承等回位是否正常,如果正常则继续检查。

② 检查发动机支架、变速器、飞轮、飞轮壳等的固定螺栓是否松动,如果是则紧固螺栓,否则继续检查。

③ 检查分离杠杆的内端是否在同一平面,如果是则继续检查。

④ 检查压盘、从动盘是否变形,铆钉是否松动、外露,压紧弹簧的弹力是否在允许的范围内,如果是则更换或修理。

离合器发抖故障诊断流程如图 2-1-8 所示。

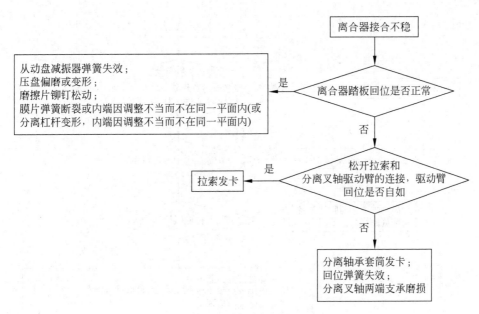

图 2-1-8　离合器发抖故障诊断流程

4. 离合器异响

（1）故障现象

离合器接合时，或踩下离合器踏板少许，或完全踩下时，离合器发出不正常响声。

（2）故障主要原因及处理方法

造成异响的根本原因在于离合器的部分零件严重磨损及主、从动部件传力部位松动，在离合器接合或分离的瞬间，由于惯性冲击的作用，造成不正常摩擦或撞击而产生异常响声。

① 分离轴承缺油或损坏，应予以润滑或更换。

② 分离轴承与膜片弹簧（或分离杠杆）内端之间无间隙，应予以调整。

③ 分离轴承回位弹簧折断，应予以更换。

④ 摩擦片铆钉外露，应予以修理。

⑤ 膜片弹簧破碎，应予以更换。

⑥ 离合器踏板自由行程过小，应予以调整。

⑦ 从动盘减振器弹簧折断等。拆下离合器从动盘，检查或更换从动盘。

（3）故障诊断方法

① 稍稍踩下离合器踏板，使分离轴承与分离杠杆接触，如果有"沙沙"的响声则为分离轴承响；如果加油后仍响，说明轴承磨损过度、松旷或损坏，应更换。

② 踩下、抬起离合器踏板，如果出现间断的碰撞声，说明分离轴承前后有窜动，应更换分离轴承回位弹簧。

③ 连踩离合器踏板，如果离合器刚接合或刚分开时有响声，说明从动盘铆钉松动或外露，应更换从动盘。

离合器异响故障诊断流程如图 2-1-9 所示。

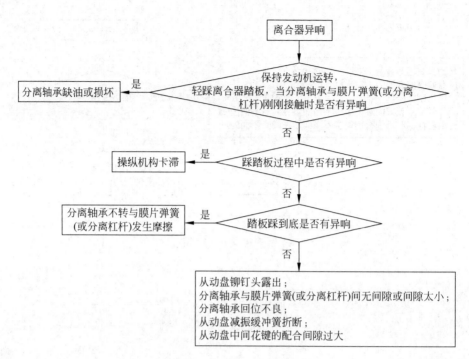

图 2-1-9　离合器异响诊断流程

 相关技能

一、准备活动

1. 准备设备

实训车一辆、游标卡尺、百分表、磁性表座、常用维修工具。

2. 学生分组

每 5 名学生为一小组,实训时,4 名学生负责检查诊断,1 名学生负责工作过程记录。

二、实施内容

离合器打滑故障诊断如下。

1. 填写车辆基本信息

将车辆基本信息填写在表 2-1-2 中。

表 2-1-2　车辆基本信息

基本信息	车型		生产厂家	
	发动机型号		车身底盘号	
	出厂日期		行驶里程	
故障现象				

2. 进行基本检查

（1）拉紧手刹，挂上低速挡，慢慢放松离合器踏板并慢慢加大油门，若汽车不动，发动机仍继续运转而不熄火，说明离合器打滑。

（2）检查离合器踏板自由行程，如不符合规定，应予以调整。

（3）若自由行程正常，应拆下离合器底盖，检查离合器与飞轮螺钉是否松动，如松动应拧紧；如不松动应检查离合器盖与飞轮之间有无调整垫片，并视情况减少或拆除调整垫片，然后再予以拧紧。

（4）若上述检查、排除后仍然打滑，则拆下离合器，检查摩擦片的状况。若有油污，一般应将其拆下并用汽油清洗、烘干，然后找出油污来源，并设法排除。若摩擦片磨损严重或多数铆钉头外露，则应更换摩擦片；若摩擦片磨损较轻，仅个别铆钉头外露，则可加深铆钉孔，重新铆合使用。

（5）若摩擦片完好，则应分解离合器，检查压盘弹簧弹力。若弹力稍有减小，则可在弹簧下面加垫圈继续使用。

3. 故障诊断与排除

（1）检查离合器踏板自由行程。

离合器踏板自由行程的检查如图 2-1-10 所示。用一个直尺抵在驾驶室地板上，先测量离合器踏板完全放松时的高度，再用手轻按离合器踏板，当感到阻力增大时再测量离合器踏板高度，两次测量的高度差即为离合器踏板的自由行程。桑塔纳轿车离合器踏板自由行程应为 15～20mm。

（2）检查离合器踏板总高度。

离合器踏板高度的检查如图 2-1-10 所示。掀起地毯或地板革，用直尺测量地面到离合器踏板上表面的距离，标准值为（150±5）mm。如果超出标准值，应调整离合器踏板高度。

① 离合器踏板高度的调整。离合器踏板高度的调整可以通过离合器踏板后的限位螺栓进行。旋松其锁紧螺母，使调整螺栓旋出，可使离合器踏板高度增加；反之，则减小离合器踏板高度。

② 离合器踏板自由行程的调整。如图 2-1-10 所示，液压式操纵机构一般是调整主缸推杆的长度。先将主缸推杆锁紧螺母旋松，然后转动主缸推杆，从而调整离合器踏板自由行程，调整后应将锁紧螺母旋紧。

拉索式操纵机构离合器踏板自由行程的调整是靠离合器拉索的调整来进行的，可通过图 2-1-11 箭头所示的调整螺母来进行。

（3）反复踩离合器踏板几次，离合器踏板高度和自

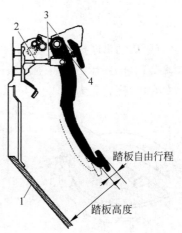

图 2-1-10 离合器踏板高度、踏板自由行程及其调整

1—地板；2—离合器主缸推杆；3—锁紧螺母；4—限位螺栓

由行程应无变化,若发生变化,应进一步检查。

　　(4) 检查分离叉和分离轴承是否正常回位。

　　(5) 以上检查中,若发现是离合器踏板卡滞,应进行润滑;若是拉锁卡滞,应更换;若是分离叉变形应更换;若是分离叉卡滞应润滑。

　　(6) 若离合器操纵机构为液压式,应对液压系统排出空气。

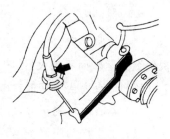

图 2-1-11　离合器踏板自由行程的调整

　　(7) 拆卸离合器总成,同时检查飞轮和离合器紧固螺栓是否松动。

　　(8) 检查从动盘摩擦片是否沾油和润滑脂,若有应清除;同时检查曲轴油封和变速器输入轴油封处是否漏油,若有漏油应更换油封。

　　(9) 检查从动盘摩擦片。

　　① 先目视检查,看从动盘摩擦片是否有裂纹、铆钉是否外露、减振器弹簧是否断裂等情况,如果有则更换从动盘。

　　② 从动盘径向圆跳动的检查。在距从动盘外边缘 2.5mm 处测量,离合器从动盘最大径向圆跳动为 0.4mm,测量方法如图 2-1-12(a) 所示。

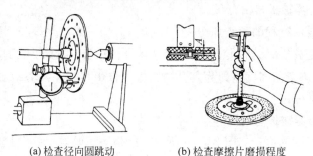

(a) 检查径向圆跳动　　　　(b) 检查摩擦片磨损程度

图 2-1-12　离合器从动盘的检查

　　③ 从动盘摩擦片磨损程度的检查。摩擦片的磨损程度,可用游标卡尺进行测量,如图 2-1-12(b) 所示。铆钉头埋入深度 A 应不小于 0.20mm。

　　(10) 检查压盘总成。

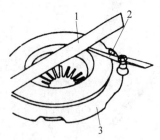

图 2-1-13　离合器压盘平面的检查

1—直尺;2—厚薄规;3—压盘

　　① 检查压盘表面光洁度。压盘表面不应有明显的沟槽,沟槽深度应小于 0.30mm。轻微的磨损可用油石修平。

　　② 检查压盘平面度。检查方法如图 2-1-13 所示,用钢直尺压在压盘上,然后用塞尺测量。离合器压盘平面度不应超过 0.2mm。

　　③ 检查膜片弹簧的变形。如图 2-1-14 所示,用专业工具盖住弹簧分离指内端(小端),然后用塞尺测量弹簧分离指内端与专用工具之间的间隙。弹簧分离指内端应在同一平面内,间隙不应超过 0.5mm。

　　(11) 检查飞轮。

① 飞轮表面不得有槽、油和润滑脂。

② 检查飞轮的端面圆跳动量,测量方法如图 2-1-15 所示。端面圆跳动量应小于 0.1mm,否则应修理或更换飞轮。

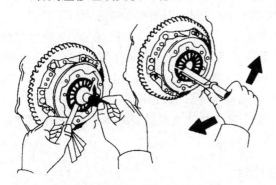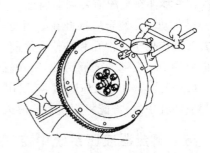

图 2-1-14 膜片弹簧变形的检修   图 2-1-15 飞轮端面圆跳动的检查

(12)安装离合器。

三、故障排除结果验证

拉住手刹,固定前、后轮胎。起动发动机,踩下离合器踏板,挂上 1 挡,慢慢放松离合器踏板,使离合器逐渐接合,发动机转速应迅速下降直至熄火,说明离合器打滑故障排除。

 知识与技能拓展

桑塔纳 2000 GSi 型轿车离合器液压系统的维修如下。

一、离合器主缸的拆卸与分解

(1)取下离合器踏板与主缸推杆叉的连接销轴。

(2)从主缸上拧下进油管和出油管接头。

(3)拧下主缸固定螺栓,拉出主缸。

在解体离合器主缸前,应排净主缸中的制动液。主缸分解过程:取下防尘罩,用螺钉旋具或卡环钳拆下卡环,拉出主缸推杆、压盖和活塞。

二、离合器工作缸的拆卸与分解

拧下工作缸进油管接头,再拆下工作缸固定螺栓,即可拉出工作缸。

工作缸的分解过程:拉出工作缸推杆,拆下防尘罩,然后用压缩空气将工作缸活塞从缸筒内压出来。

三、主缸、工作缸的检修

主缸和工作缸是离合器液压操纵系统的主要部件,其工作性能的好坏直接影响离合器的工作性能。当出现缸筒内壁磨损超过 0.125mm,活塞与缸筒的间隙超过 0.20mm,

皮圈老化及回位弹簧失效等情况时,应更换相应零件。

四、离合器主缸、工作缸的装配

主缸和工作缸的装配,按拆卸与分解相反顺序进行,但装配时应注意以下事项。

(1)零件在装配前要用非腐蚀性液体清洗干净,并在活塞、皮碗、皮圈、缸套等零件上涂一层制动液。装合后推杆在缸筒内运动应灵活。在放松(不工作)位置时,主缸皮碗和活塞头部应位于进油孔和补偿孔之间,两孔都开放。工作缸上带有塑料支承环,安装时外表面要涂上一层薄薄的润滑油,工作缸推杆末端也要涂上润滑脂润滑。

(2)安装离合器工作缸时,需要用一个合适的杠杆克服弹簧的弹力,将其压向变速器壳相应的孔中后,方能将固定螺栓旋入。

五、离合器液压系统中空气的排出

离合器液压操纵系统在经过检修之后,管路内可能进入空气,在添加制动液时也可能使液压系统中进入空气。空气进入后,由于缩短了主缸推杆行程即离合器踏板工作行程,从而使离合器分离不彻底。因此,液压系统检修后或怀疑液压系统进入空气时,就要排除液压系统中的空气,排除方法如下。

(1)将主缸储液罐中的制动液加至规定高度后,升起汽车。

(2)在工作缸的放气阀上安装一个软管,接到一个盛有制动液的容器内。

(3)排空气需要两个人配合工作,一人慢慢地踩离合器踏板数次,感到有阻力时踩住不动,另一人拧松放气阀直至制动液开始流出,然后再拧紧放气阀。

(4)连续按上述方法操作几次,直到流出的制动液中不见气泡为止。

(5)空气排除干净之后,需要再次检查及调整离合器踏板自由行程。

(6)再次检查主缸储液罐液面高度,必要时添加。

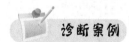

诊断案例

一、故障现象

一辆桑塔纳普通型轿车,行驶中达不到额定车速。又过了一段时间,在高速公路上的最高车速也只有 100km/h。

二、故障诊断

出现此故障的原因有两个:一是发动机动力不足;二是离合器打滑。首先对发动机的工作状况进行检查,未见异常。离合器踏板自由行程也符合要求。拆下离合器后,发现从动盘磨损严重,很多铆钉已外露,压盘、飞轮工作面还出现了沟槽。检查膜片弹簧,发现有发蓝(高温退火所致)现象。

三、故障排除

更换离合器膜片弹簧和从动盘,光磨压盘和飞轮工作面,故障即告排除。

四、故障点评

此故障是因离合器从动盘磨损后未及时更换,最终导致离合器主要机件损坏而造成的,应引起驾驶人员的高度重视。

项目 2.2　变速器工作不良的故障诊断

 项目要求

(1)能通过与客户交流、查阅相关维修技术资料等方式获取车辆信息。
(2)通过查阅资料和观摩,掌握变速器挂挡困难的故障原因。
(3)掌握变速器挂挡困难故障诊断流程。
(4)能根据环保要求,妥善处理辅料、废弃液体和已损坏零部件。

 项目载体

1. 故障案例

一辆行驶里程为 150000km 的桑塔纳 2000 型轿车出现了下列问题:变速器挂挡困难。其故障现象是起步前挂挡,尽管离合器踏板已踏到底,但仍不容易挂上挡。变速器挂挡困难现象,应该如何处理呢?

2. 故障分析

产生此类故障,有可能是离合器分离不彻底故障,也可能是变速器故障,分辨和判断究竟是哪里的故障,就必须明白手动变速器的原理与结构。

 项目链接

一、相关知识

1. 手动变速器的总体构造

变速器的基本功用是通过不同的挡位使发动机输出的转矩增大、转速下降以适应汽车实际行驶的要求。通过倒挡实现汽车的倒向行驶。通过空挡实现在发动机起动和怠速运转、变速器换挡、汽车滑行和暂时停车等情况下,中断发动机的动力传动。

手动变速器包括变速传动机构和操纵机构两部分。桑塔纳 2000 型轿车采用 5 挡手

动变速器,由传动机构、操纵机构、变速器壳体等组成,其结构紧凑、噪声低、操作灵活可靠。该变速器的五个前进挡均装有锁环惯性式同步器,换挡轻便,所有挡位都采用防跳挡措施。桑塔纳 2000 型轿车 5 挡手动变速器的结构如图 2-2-1 所示。

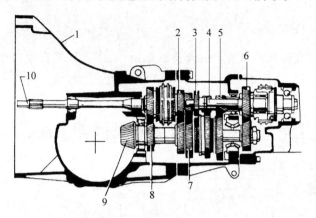

图 2-2-1 桑塔纳 2000 型轿车 5 挡手动变速器的结构

1—变速器壳体;2—输入轴 3 挡齿轮;3—倒挡齿轮;4—倒挡轴;5—输入轴 1 挡齿轮;6—输入轴 5 挡齿轮;7—输出轴 2 挡齿轮;8—输出轴 4 挡齿轮;9—输出轴;10—输入轴

图 2-2-2 所示为桑塔纳 2000 型轿车 5 挡变速器传动原理图。当驾驶员挂上某一挡位时,动力由输入轴传入变速器,通过相啮合的齿轮副将动力由输出轴传至主减速器,在变速器中实现了变速、变扭。变速器设置有超速挡(传动比小于 1),主要用于在良好路面或空车行驶时,可提高汽车的燃料经济性。

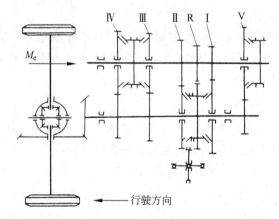

图 2-2-2 桑塔纳 2000 型轿车 5 挡变速器传动原理图

2. 变速器操纵机构

变速器操纵机构按照变速操纵杆(变速杆)位置的不同,可分为直接操纵式和远距离操纵式两种类型,分别如图 2-2-3 和图 2-2-4 所示。

二、故障检测与诊断

变速器的常见故障部位主要有同步器、自锁装置、互锁装置、轴承和花键等。变速器

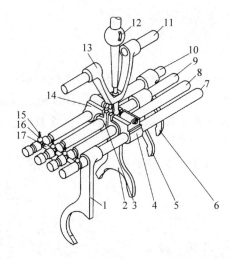

图 2-2-3　解放 CA1091 中型货车 6 挡变速器直接操纵式机构

1—5、6 挡拨叉；2—3、4 挡拨叉；3—1、2 挡拨块；4—5、6 挡拨块；5—1、2 挡拨叉；6—倒挡拨叉；7—5、6
挡拨叉轴；8—3、4 挡拨叉轴；9—1、2 挡拨叉轴；10—倒挡拨叉轴；11—换挡轴；12—变速杆；13—叉形
拨杆；14—倒挡拨块；15—自锁弹簧；16—自锁钢球；17—互锁销

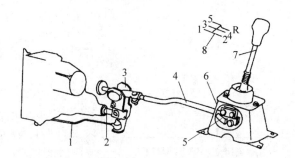

图 2-2-4　桑塔纳 2000 型轿车 5 挡手动变速器的远距离操纵式机构

1—支撑杆；2—内换挡杆；3—换挡杆接合器；4—外换挡杆；
5—倒挡保险挡块；6—换挡手柄座；7—变速杆；8—挡位标记

的常见故障主要有变速器换挡困难或挂不上挡、变速器跳挡、变速器乱挡、变速器卡挡、变
速器漏油和变速器异响。

1. 变速器换挡困难或挂不上挡

（1）故障现象

变速器不能顺利地挂入挡位，或完全不能挂上挡，往往伴有齿轮撞击声。

（2）故障主要原因及处理方法

造成变速器换挡困难或挂不上挡的根本原因是汽车换挡时待啮合齿的圆周速度不相
等，或换挡拨叉移动时的阻力过大。

① 离合器调整不当或分离不彻底，应予以调整检修。

② 变速杆弯曲变形或操纵机构调整不当，应予以调整检修。

③ 拨叉轴弯曲变形，与导向孔配合过紧或因缺油锈蚀，应予以调整检修。

④ 同步器滑块卡滞,应更换同步器。

⑤ 自锁、互锁装置卡死,应检修或更换。

（3）故障诊断方法

换挡手柄的进挡感觉明显但不能顺利换挡,则拨叉的固定销钉脱落;没有明显的进挡感觉,则应检查自锁装置是否卡死,换挡操纵机构杆件是否弯曲变形。

换挡有异响,在排除离合器分离不彻底的原因后,检查同步器是否损坏,润滑油油量是否充足或质量是否合格。

变速器换挡困难或挂不上挡故障诊断流程如图 2-2-5 所示。

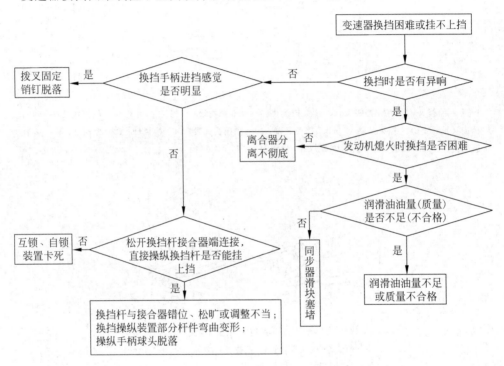

图 2-2-5 变速器换挡困难或挂不上挡故障诊断流程

2. 变速器跳挡

（1）故障现象

在汽车行驶过程中,尤其是加速或爬坡时,变速杆自动跳回到空挡位置。

（2）故障主要原因及处理方法

造成变速器跳挡的根本原因是啮合齿轮在传力时产生较大的轴向作用力,从而脱离啮合位置;或啮合齿轮未能全齿长啮合,当载荷突变时导致跳挡。

① 操纵装置变形或松旷,应予以调整检修。

② 接合器与换挡器连接调整不当,应予以调整。

③ 拨叉弯曲或磨损,应予以修理或更换。

④ 自锁装置失效,应予以修复或更换。

⑤ 齿轮轴向间隙过大,应予以调整。

⑥ 相啮合的齿轮在啮合部位磨损成锥形,应予以更换。

⑦ 同步器接合齿圈磨损,应予以更换。

(3) 故障诊断方法

检查操纵机构,确定故障是否由于操纵机构杆件变形、松旷或接合器与换挡杆连接调整不当引起。若为否定,则检查拨叉是否弯曲,自锁装置是否失效,齿轮间隙是否过大,同步器齿圈是否装反等。

变速器跳挡故障诊断流程如图 2-2-6 所示。

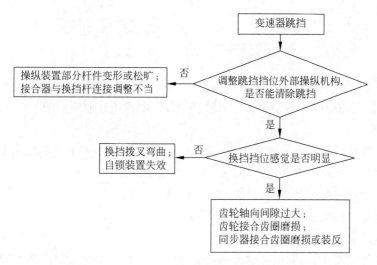

图 2-2-6　变速器跳挡故障诊断流程

3. 变速器乱挡

(1) 故障现象

变速器实际挂入的挡位与应该挂入的挡位不符,或原挡位未退出仍然能挂上另一个挡。

(2) 故障主要原因及处理方法

① 操纵机构部分杆件变形或连接松动,应予以检修。

② 变速杆下端面磨损过大,造成长度不足,应予以更换。

③ 互锁装置失效,应予以修复。

④ 手柄支承球头座松动,应予以检修或更换。

(3) 故障诊断方法

检查手柄是否可靠连接,操纵装置的杆件是否有变形或松动现象。若为否定,则应检查互锁装置是否漏装或失效等。

图 2-2-7 所示为变速器乱挡故障诊断流程。

4. 变速器异响

(1) 故障现象

变速器在工作过程中发出不正常的响声。

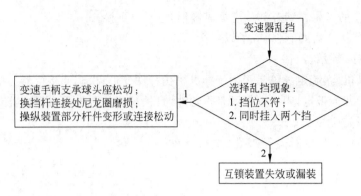

图 2-2-7　变速器乱挡故障诊断流程

（2）故障主要原因及处理方法

变速器异响的原因一般是轴承等因磨损、损坏、润滑不良而造成的松旷；齿轮或花键等啮合不正确。

① 变速器缺油或润滑油规格不符，应选用正确的润滑油，并调整到规定高度。

② 齿轮轮齿磨损严重，啮合间隙过大，应予以更换。

③ 齿轮内孔磨损严重，配合松旷，应予以更换。

④ 齿轮轮齿折断或齿面剥落、缺损，应予以更换。

⑤ 齿轮端面跳动超标，应予以更换。

⑥ 轴承磨损严重，引起内外圈松动或滚珠（针）碎裂，滚道损坏，应予以更换。

⑦ 第一、二轴和中间轴弯曲变形，应予以校正或更换。

⑧ 花键过度磨损，应予以更换。

⑨ 自锁装置损坏，应予以修复。

⑩ 同步器滑块塞堵，应予以修复或更换等。

（3）故障诊断方法

检查润滑油油量是否不足或润滑油规格是否不符。若为否定，按下列响声特征判断故障。

① 发动机怠速运转，变速器空挡有异响，踩下离合器踏板后声响消失，多为常啮齿轮啮合不良。

② 变速器各挡均有声响，多为基础件、轴、齿轮、花键磨损使形位误差超限。

③ 挂入某挡、声响严重，则说明该挡齿轮磨损严重。

④ 起动后尚未挂挡就发出响声，且在汽车运行中车速变化时声响严重，说明输出轴前后轴承磨损严重。

变速器异响故障诊断流程如图 2-2-8 所示。

5. 变速器卡挡

（1）故障现象

变速器卡在某个挡位，无法回到空挡。

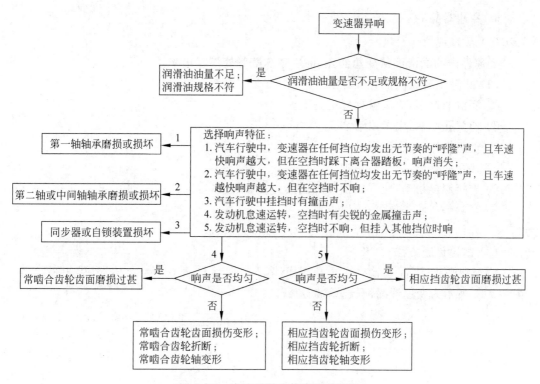

图 2-2-8 变速器异响故障诊断流程

（2）故障主要原因及处理方法

造成变速器卡挡的原因主要是同步器滑块塞堵、拨叉轴弯曲卡死等，应视情况予以修理或更换。

（3）故障诊断方法

如换挡手柄操作自如，则是由于一轴后端卡簧脱落或换挡拨叉开口销脱落；如果不是，则是由于同步器滑块塞堵、接合器变形等。图 2-2-9 所示为变速器卡挡故障诊断流程。

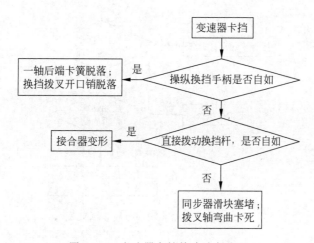

图 2-2-9 变速器卡挡故障诊断流程

6. 变速器漏油

（1）故障现象

变速器内的润滑油从变速器盖、前后轴承盖等处渗漏出来。

（2）故障主要原因及处理方法

① 润滑油过多，应调整到规定高度。

② 通气孔堵塞，应予以清洁。

③ 油封损坏，应予以更换。

④ 接合面变形，应予以修理。

⑤ 连接螺栓松动，应予以紧固或更换。

⑥ 密封垫或胶失效，应予以更换。

⑦ 壳体有裂纹，应予以焊补等。

（3）故障诊断方法

检查油平面是否过高，通气孔是否堵塞，油封是否损坏，壳体是否有裂纹等。

图 2-2-10 所示为变速器漏油故障诊断流程。

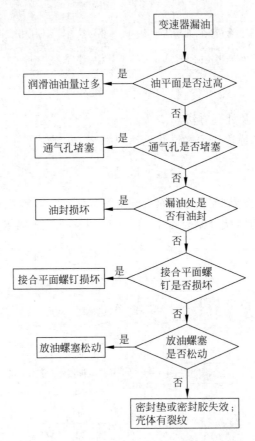

图 2-2-10　变速器漏油故障诊断流程

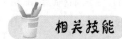

相关技能

一、准备活动

1. 准备设备

实训车一辆或变速器实训台架、常用维修工具。

2. 学生分组

每5名学生为一小组,实训时,4名学生负责检查诊断,1名学生负责工作过程记录。

二、实施内容

变速器挂挡困难的故障诊断如下。

1. 填写车辆基本信息

将车辆基本信息填写在表 2-2-1 中。

表 2-2-1 车辆基本信息

基本信息	车型		生产厂家	
	发动机型号		车身底盘号	
	出厂日期		行驶里程	
故障现象				

2. 进行基本检查

(1)将汽车停在水平位置,拉好手刹,固定好前、后轮胎,检查离合器是否分离,如果离合器不分离则应检修离合器。

(2)检查变速杆球头定位销是否松旷、折断或球头与球孔是否磨损过大。如果有以上故障应更换磨损或损坏的零件。

(3)若以上检查没问题,则故障应是由拨叉轴弯曲引起的。应拆检变速器,检查、校正或更换拨叉轴。

(4)若同步器磨损、损坏,则更换同步器。

3. 故障诊断与排除

(1)若换挡时无异响

① 检查换挡手柄进挡是否明显,如明显,判断为拨叉固定销钉脱落。

② 若进挡不明显,松开换挡杆接合器端的连接,直接操纵换挡杆看是否能挂上挡。若直接用操纵杆换挡能挂挡,判断为互锁、自锁装置卡死,应检修或更换互锁、自锁装置。

检查结果:_____。

③ 如果上一项操作中,直接操纵换挡杆不能挂上挡,检查换挡杆与接合器是否错位、松旷或调整不当,换挡操纵部分是否有杆件弯曲变形,操纵手柄球头是否有脱落现象。

(2)若变速器换挡时有异响

① 检查发动机熄火后换挡是否困难,若发动机熄火后换挡不困难检查离合器是否分离不彻底,并调整检修。

检查结果:_____。

② 若发动机熄火后换挡仍然困难,检查变速箱润滑油油量和油质,若油量不足或油质不合格,应补充或更换。

检查结果:_____。

③ 若油量和油质正常,则检查同步器滑块是否卡滞。

检查结果:_____。

三、故障排除结果验证

(1)变速器无乱挡现象,且接合平稳。

(2)变速器各个挡位接合与分离迅速、彻底。

(3)变速器运转平稳无异响。

(4)变速器操纵机构灵敏可靠,各个挡位手感清晰。

 知识与技能拓展

手动变速器油的检查。

一、技术标准与要求

(1)别克凯越型轿车手动变速器油的型号为 SAE80W。

(2)变速器油每 10000km 或每 6 个月检查一次,必要时可添加(正常使用条件下不必换油)。

(3)变速器油量为 1.8L。

二、作业准备

(1)汽车进入工位前,将工位清理干净,准备好相关的器材。

(2)将汽车停驻在举升机中央位置。

(3)拉紧驻车制动器操纵杆,并将变速杆换入空挡位置。

(4)套上方向盘护套、变速杆手柄套和座位套,铺设脚垫。

三、操作步骤

（1）将车停放在水平面上，在变速驱动桥中的油液处于低温时，拆卸加注塞并检查液面。液面应达到塞孔下缘。

（2）如果液面过低，通过加注塞添加手动变速驱动桥油液，直到油液开始流出。

（3）重新安装加注塞并紧固。

（4）如果油液受到污染，在拆卸差速器齿轮盖板后，放出油液。

诊断案例

一、故障现象

一辆夏利 TJ7100 型轿车刚维修过变速器后，出现起步不好挂挡，并且从 2 挡减至 1 挡时有撞击声。

二、故障诊断

从故障现象判断，可能是 1、2 挡同步器锁环位置装反了。一般变速器中，同步器两端的同步锁环是可以互换的，而夏利 TJ7100 型轿车则不然。一般锁环式惯性同步器无论是从低速挡挂入高速挡还是从高速挡挂入低速挡，均起同步作用，然而 1 挡却例外。当汽车需要增大牵引力（如爬陡坡时）而由 2 挡换入 1 挡时，无疑应该迅速而可靠地换入 1 挡，此时 1 挡同步器的作用就至关重要；而当汽车由停止状态挂入 1 挡起步时，1 挡同步器同输出轴均处于不转状态，使 1 挡同步器不仅多余，而且由于同步环的锁止作用以及摩擦锥面的自锁，反而阻碍挂入 1 挡齿轮，因此对 1 挡同步器齿环的滑块槽宽做了巧妙的变动，即由 2 挡换入 1 挡的一侧环的槽宽比滑块（键）宽 1/4 周节，使其只在由 2 挡挂入 1 挡时才起同步作用，成为单向作用的同步器，以满足需要。故装配时不允许将 1 挡同步器两侧锁环互换。

三、故障排除

拆开变速器，将 1 挡同步器两侧锁环调换位置，装复后试车，故障消失。

项目 2.3　驱动桥工作不良的故障诊断

项目要求

（1）能通过与客户交流、查阅相关维修技术资料等方式获取车辆信息。

（2）通过查阅资料和观摩，掌握驱动桥工作不良的故障原因。

（3）掌握驱动桥工作不良故障诊断流程。

（4）能根据环保要求，妥善处理辅料、废弃液体和已损坏零部件。

 项目载体

1. 故障案例

一辆桑塔纳 2000 型轿车在行车过程中出现了下列问题：驱动桥发出异响，其故障现象是车辆转弯行驶时，驱动桥有异响，而直线行驶时没异响。驱动桥异响现象，应该如何处理呢？

2. 故障分析

汽车驱动桥异响常由于润滑油油量、油质不符合要求，主从动锥齿轮啮合不良以及齿轮间隙不当等原因造成的。因而必须熟悉驱动桥的结构及工作原理等，才能进行驱动桥的故障诊断和排除。

 项目链接

一、相关知识

驱动桥主要包括主减速器、差速器、半轴、驱动桥壳等。前轮驱动汽车的整个传动系都集中布置在汽车前部，因此其主减速器、差速器等装于变速器壳体内。断开式驱动桥结构如图 2-3-1 所示。

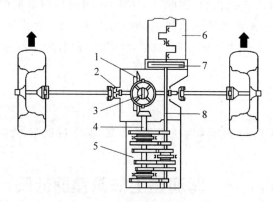

图 2-3-1   断开式驱动桥结构

1—主减速器；2—半轴；3—差速器；4—变速器输出轴；5—变速器；

6—发动机；7—离合器；8—变速器输入轴

后轮驱动汽车的后桥是驱动桥，其主要构造如图 2-3-2 所示。

松花江微型汽车后桥为驱动桥，采用非断开式结构，其结构如图 2-3-3 所示。

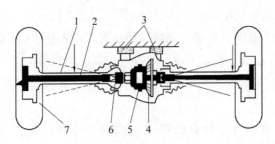

图 2-3-2　后驱动桥

1—桥壳；2—半轴；3—支架；4—主减速器；5—差速器；6—万向节；7—驱动轮

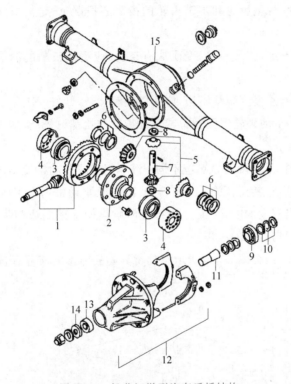

图 2-3-3　松花江微型汽车后桥结构

1—主、从动双曲面齿轮；2—差速器壳；3—差速器轴承；4—轴承调整螺母；5—差速器行星
齿轮及半轴齿轮；6—调整垫圈；7—行星齿轮轴；8—球形垫片；9、13—轴承；10—垫片；
11—波形衬套；12—主减速器壳体；14—油封；15—后桥壳

二、故障检测与诊断

驱动桥的常见故障部位主要有行星齿轮与十字轴、轴承、花键、调整垫片和齿轮等。
驱动桥的常见故障主要有驱动桥异响、驱动桥过热和驱动桥漏油。

1. 驱动桥异响

（1）故障现象

驱动桥在汽车不同的行驶工况下发出非正常响声。

（2）故障主要原因及处理方法

造成驱动桥异响的原因一般是驱动桥的传动部件磨损松旷、调整不当或润滑不良,当承受较大的动载荷时,发出非正常响声。

① 主减速器的主、从动齿轮,行星齿轮和半轴齿轮等啮合间隙过大或过小,应予以调整。

② 半轴齿轮与半轴的花键配合松旷、差速器壳与十字轴配合松旷、行星齿轮孔与十字轴配合松旷,应予以调整。

③ 主、从动齿轮印痕不符合要求,应予以调整。

④ 主、从动齿轮,行星齿轮和半轴齿轮的齿面磨损严重,轮齿折断、变形或未成对更换,应予以更换。

⑤ 润滑油油量不足,牌号不符,变质或有杂物,应更换正确的润滑油,并调整到规定高度。

⑥ 圆锥滚子轴承预紧度调整不当,应予以调整。

⑦ 驱动桥壳体、主动齿轮紧固螺母或从动齿轮连接螺钉松动,应予以紧固或更换。

（3）故障诊断方法

车辆工况的不同,驱动桥的异响也不同:汽车行驶时驱动桥发出较大响声,而当滑行或低速行驶时响声减弱,甚至消失;汽车行驶、滑行时驱动桥均发出较大的响声;汽车转弯行驶时驱动桥发出较大的响声,而直线行驶时响声明显减弱或消失;汽车起步或突然改变车速时驱动桥发出"铿"的一声。

根据异响的规律,结合图 2-3-4 所示驱动桥异响故障诊断流程查找故障。

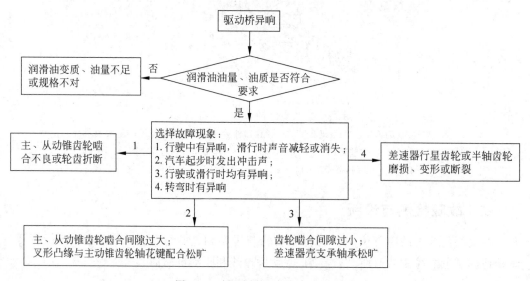

图 2-3-4　驱动桥异响故障诊断流程

2.驱动桥过热

（1）故障现象

汽车行驶一定里程后,用手触摸驱动桥壳中部,有无法忍受的烫手感觉。

（2）故障主要原因及处理方法

引起驱动桥过热的原因一般是驱动桥工作时摩擦阻力过大。

① 圆锥滚子轴承预紧度调整过大,应予以调整。

② 润滑油油量不足、变质或牌号不符合要求,应更换正确的润滑油,并调整到规定高度。

③ 主减速器、差速器各齿轮的啮合间隙太小,应予以调整。

④ 止推垫片与主减速器背面间隙太小,应予以调整或更换等。

（3）故障诊断方法

按照过热部位的不同,结合图 2-3-5 所示驱动桥过热故障诊断流程查找故障。

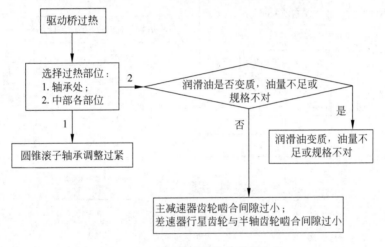

图 2-3-5 驱动桥过热故障诊断流程

3.驱动桥漏油

（1）故障现象

在驱动桥加油口螺塞、放油口螺塞、油封处或各接合面衬垫处,出现明显的漏油痕迹。

（2）故障主要原因及处理方法

① 油封安装位置不正确、装反或油封本身磨损、硬化、破裂,应予以调整或更换。

② 接合面加工粗糙或变形,应予以磨平。

③ 接合面密封垫片太薄、硬化或损坏,应予以更换。

④ 接合面紧固螺钉松动,应予以紧固或更换。

⑤ 通气孔堵塞或加油口、放油口螺塞松动,应予以清洁、紧固或更换。

⑥ 桥壳有铸造缺陷或裂纹,应予以焊补等。

（3）故障诊断方法

结合图 2-3-6 所示驱动桥漏油故障诊断流程查找故障。

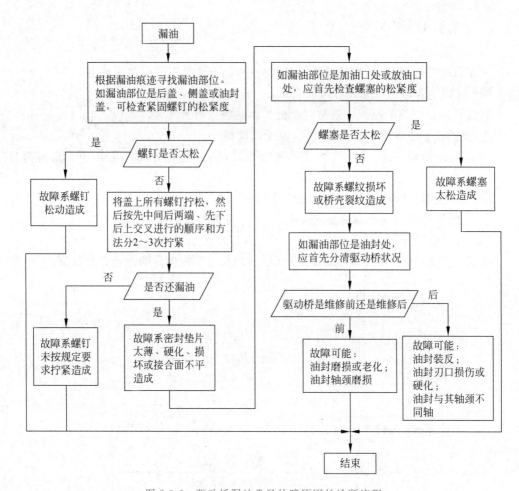

图 2-3-6　驱动桥漏油常见故障原因的诊断流程

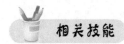 相关技能

一、准备活动

1. 准备设备

实训车一辆、常用维修工具、驱动桥总成。

2. 学生分组

每 5 名学生为一小组，实训时，4 名学生负责检查诊断，1 名学生负责工作过程记录。

二、实施内容

1. 填写车辆基本信息

将车辆基本信息填写在表 2-3-1 中。

表 2-3-1　车辆基本信息

车型		生产日期		制造厂	
车辆识别码			发动机型号		

2. 进行基本检查

（1）检查车辆不同工况行驶时驱动桥是否有异响。

检查结果：＿＿＿＿＿＿＿＿＿＿＿＿＿＿＿＿＿＿＿＿＿＿＿＿＿＿＿＿。

（2）若有异响。

① 若行驶中有异响，滑行时声音减轻或消失，说明主、从动锥齿轮啮合不良或轮齿折断。

检查结果：＿＿＿＿＿＿＿＿＿＿＿＿＿＿＿＿＿＿＿＿＿＿＿＿＿＿＿＿。

② 若汽车起步时发出冲击声，说明主、从动锥齿轮啮合间隙过大，叉形凸缘与主动锥齿轮轴花键配合松旷。

检查结果：＿＿＿＿＿＿＿＿＿＿＿＿＿＿＿＿＿＿＿＿＿＿＿＿＿＿＿＿。

③ 若汽车行驶或滑行均有异响，说明齿轮啮合间隙过小，差速器壳支承轴承松旷。

检查结果：＿＿＿＿＿＿＿＿＿＿＿＿＿＿＿＿＿＿＿＿＿＿＿＿＿＿＿＿。

④ 若汽车转弯时有异响，说明差速器行星齿轮或半轴齿轮磨损、变形或断裂。

检查结果：＿＿＿＿＿＿＿＿＿＿＿＿＿＿＿＿＿＿＿＿＿＿＿＿＿＿＿＿。

三、故障排除结果验证

故障排除验证结果：＿＿＿＿＿＿＿＿＿＿＿＿＿＿＿＿＿＿＿＿＿＿＿＿。

知识与技能拓展

驱动桥的维护内容及步骤如下。

（1）检查润滑油油量。

（2）检查外壳有无变形或裂纹。

（3）检查齿轮间隙是否正常。

项目 2.4　汽车转向系统的故障诊断

项目要求

(1) 能通过与客户交流、查阅相关维修技术资料等方式获取车辆信息。

(2) 通过查阅资料和观摩,掌握汽车转向系统故障的原因。

(3) 掌握汽车转向系统故障诊断流程。

(4) 能根据环保要求,妥善处理辅料、废弃液体和已损坏零部件。

项目载体

1. 故障案例

一辆桑塔纳轿车,行驶中发现方向盘不能回正。进修理厂检查,技术人员说需要检调方向盘和转向器。本项目的主要任务是对转向系统进行故障诊断和排除,以恢复汽车的转向性能,保证行驶安全。

2. 故障分析

转向系统的工作原理就是利用方向盘、转向器直接偏转前轮,实现左、右转向。其中转向器是变速增力机构。常见的转向方式有机械转向、动力转向、电控转向等。下面先熟悉一下相关知识,再进行故障诊断和排除。

项目链接

一、相关知识

微型汽车转向系统主要有两种结构,即循环球齿条齿扇式和齿轮齿条式。由于齿轮齿条式转向系统传动机构简单、成本低,便于布置,目前微型汽车趋于采用齿轮齿条式转向系统。

转向系统通常由转向操纵机构、转向器和转向传动机构组成,松花江微型汽车齿轮齿条式机械转向系统如图 2-4-1 所示。

液压动力转向系统是在机械式齿轮齿条转向器基础上增加了储油罐、液压泵、控制阀及动力缸。转向器和动力缸、控制阀组合成一体,故称为整体式动力转向器。其结构与原理分别如图 2-4-2 和图 2-4-3 所示。

桑塔纳 2000 型轿车的液压动力转向控制阀为常流转式,上部的阀体为滑阀结构,阀体与小齿轮设计加工为一体。阀芯上有控制槽,阀芯通过转向齿轮轴上的拨叉来拨动。转向齿轮轴用销钉与阀中弹性扭力杆相连,扭力杆的刚度决定了阀的特性曲线,同时起到阀的中心定位作用。

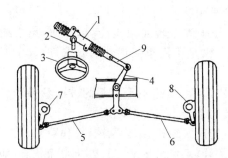

图 2-4-1 松花江微型汽车齿轮齿条式机械
转向系统

1—齿轮齿条转向器；2—转向柱管及上轴；3—方
向盘；4—中央摇臂；5—左转向横拉杆；6—右转
向横拉杆；7—左转向节；8—右转向节；9—连杆

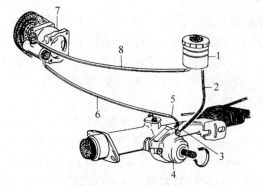

图 2-4-2 桑塔纳 2000 型轿车液压动力转向器及
管路布置

1—储油罐；2—动力转向器出油软管；3—动力转向器出
油硬管；4—动力转向器；5—动力转向器进油硬管；6—
动力转向器进油软管；7—叶片式油泵；8—进油软管

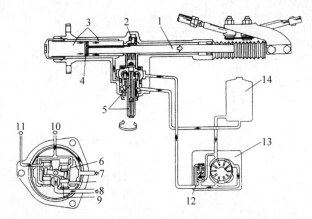

图 2-4-3 液压动力转向系统工作原理

1—齿条；2—齿轮；3—工作主缸；4—活塞；5—弹性扭力杆；6—控制阀；7—进油口；8—出油口；
9—柱塞阀芯；10—通向工作缸右边；11—通向工作缸左边；12—限压阀；13—液压泵；14—储液罐

　　液压泵(叶片泵)的额定流量为 6L/min，额定工作压力为(104±4)kPa。为了保证轿车在高速行驶时有较强的路感，泵的流量随发动机转速的提高呈下降趋势。为了保证转向系统的工作，防止液压系统工作压力超过允许的最大工作压力，在泵内装有限压阀，当工作压力超过限压阀的额定值时，压力油通过限压阀卸压返回到吸油口。

　　发动机驱动液压泵，由液压泵的压力油通过控制阀，作用于转向器的齿轮、齿条上来实现转向，其工作原理如下。

　　当直线行驶时，方向盘处于中间位置，阀芯和阀套也处于中间位置，所有的控制口接通，液压油流经控制阀的阻力很小，液压泵处于空转状态，工作油缸不起作用。

　　当向右转动方向盘时，转向齿轮轴带动阀芯相对于阀套运动，改变了阀的控制口位置。右边旋转柱塞阀芯下降，开大过油通道，关闭回油通道；左边旋转柱塞阀芯上移，关闭进油通道，打开回油通道。根据右边旋转柱塞阀芯进油通道开度的大小，来控制流入工作缸左边液压油的流量和油压，油压推动活塞向右运动，起到助力作用。同时，工作缸右边的液压油在活塞作用下,通过打开的回油槽返回储油罐。

当向左转动方向盘时,情况与向右转动方向盘时相反。

采用动力转向后,由于液压阻尼力的增加,削弱了汽车转向回正能力,因此,桑塔纳2000型轿车的前桥主销后倾角增大到 $1°30'±30'$,满足了汽车回正性的要求,改善了司机"路感"反应,保证汽车在高速行驶时的稳定性。

由于动力转向器的阀孔具有节流阻尼作用,减轻了因道路不平引起的方向盘抖动和打手,所以动力转向系统取消了机械式齿轮齿条转向系统中的转向减振器。

桑塔纳2000型轿车转向控制阀采用的是常流转阀式结构,结构紧凑、操作可靠、工作灵敏。这种转向控制阀在方向盘位于中间位置时常开,工作液压油一直处于常流状态,如图2-4-4所示。

电动动力转向系统(简称 EPS)通常由转矩传感器、车速传感器、电动机、电磁离合器和减速机构、电子控制单元组成。各部件在车上的布置如图2-4-5所示。

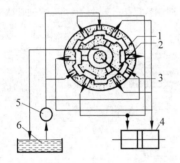

图 2-4-4　转向控制阀工作原理图
1—阀套;2—阀芯;3—扭杆;4—动力油缸;5—转向油泵;6—储油罐

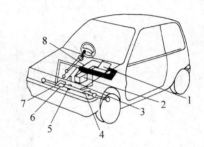

图 2-4-5　电动动力转向系统在车上的布置
1—计算机;2—蓄电池;3—电动机;4—减速器;5—车速传感器;6—发动机转速信号;7—扭矩传感器(主、辅助);8—制动开关

电控液力式动力转向系统是电动动力转向系统的另外一种形式。它通过控制电磁阀的动作,使动力转向液压控制回路油压根据车速而变化,在低速时操纵力减轻,在中低速以上时操纵力不致过小,即保持一定的手感。

电控液力式动力转向系统主要由转向控制阀、电磁阀、分流阀、转向动力缸、转向油泵、储油罐、车速传感器和电子控制单元组成,如图2-4-6所示。

二、故障检测与诊断

机械转向系统的常见故障部位主要有方向盘自由行程、转向传动机构连接处、转向器等。机械转向系统的常见故障主要有转向沉重、方向盘自由行程过大和转向轮抖动。

1. 转向沉重

(1) 故障现象

汽车行驶中,驾驶员向左、右转动方向盘时,感到沉重费力,无回正感;汽车低速转弯行驶和调头时,转动方向盘感到非常沉重,甚至打不动。

(2) 故障主要原因及处理方法

转向沉重的原因一般是转向轮气压不足或定位不准,转向系统传动链中出现配合过

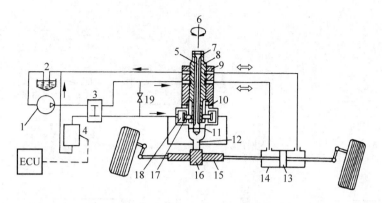

图 2-4-6　电控液力式动力转向系统的组成

1—转向油泵；2—储油罐；3—分流阀；4—电磁阀；5—扭力杆；6—方向盘；7、10、11—销；8—转阀阀杆；9—控制阀阀体；12—转向齿轮轴；13—活塞；14—转向动力缸；15—转向齿条；16—转向齿轮；17—柱塞；18—油压反力室；19—阻尼孔

紧或卡滞而引起摩擦阻力增大。

① 转向轮轮胎气压不足，应按规定充气。

② 转向轮本身定位不准或车轴、车架变形造成转向轮定位失准，应校正车轴和车架，并重新调整转向轮定位。

③ 转向器主动部分轴承调整过紧或从动部分与衬套配合太紧，应予以调整。

④ 转向器主、从动部分的啮合间隙调整过小，应予以调整。

⑤ 转向器缺油或无油，应按规定添加润滑油。

⑥ 转向器壳体变形，应予以校正。

⑦ 转向管柱、转向轴弯曲或套管凹瘪造成互相碰擦，应予以修理。

⑧ 转向纵、横拉杆球头连接处调整过紧或缺油，应予以调整或添加润滑脂。

⑨ 转向节主销与转向节衬套配合过紧或缺油，或转向节止推轴承缺油，应予以调整或添加润滑脂等。

（3）故障诊断方法

以桑塔纳 2000 型轿车为例，先检查轮胎气压，排除故障由轮胎气压过低引起。接着按图 2-4-7 所示机械转向系统转向沉重故障诊断流程查找故障位置。

2. 方向盘自由行程过大——转向不灵敏

（1）故障现象

汽车方向盘保持直线行驶位置静止不动时，左、右转动的游动角度太大。具体表现为汽车转向时感觉方向盘松旷量很大，需用较大的幅度转动方向盘，才能控制汽车的行驶方向；而在汽车直线行驶时又感到行驶方向不稳定。

（2）故障主要原因及处理方法

方向盘自由行程过大的原因一般是转向系统传动链中一处或多处的配合因装配不当、磨损等原因造成松旷。

① 转向器主、从动啮合部位间隙过大或主、从动部位轴承松旷，应予调整或更换。

② 方向盘与转向轴连接部位松旷，应予以调整。

③ 转向垂臂与转向垂臂轴连接松旷，应予以调整。

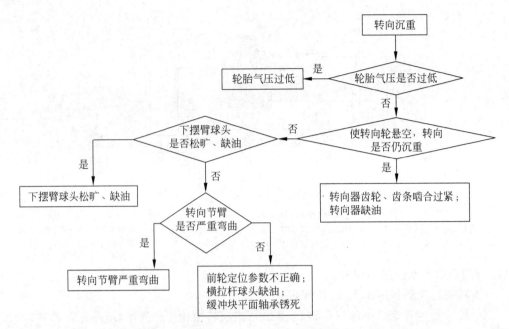

图 2-4-7　机械转向系统转向沉重故障诊断流程

④ 纵、横拉杆球头连接部位松旷,应予以调整或更换。

⑤ 纵、横拉杆臂与转向节连接松旷,应予以调整或更换。

⑥ 转向节主销与衬套磨损后松旷,应予以更换。

⑦ 车轮轮毂轴承间隙过大,应予以更换等。

（3）故障诊断方法

造成方向盘自由行程过大的原因一般是转向系统传动链中一处或多处连接的配合间隙过大。诊断时,可从方向盘开始检查转向系统各部件的连接情况,看是否有磨损、松动、调整不当等情况,找出故障部位,予以调整和紧固。

一人转动方向盘,另一人打开车前盖观察转向机构的运动情况。

① 转动方向盘,转向器齿条不能立即随之运动,表明齿条与主动齿条啮合间隙过大,可通过补偿机构进行调整,消除转向器的啮合间隙。

② 若齿条随方向盘运动而横拉杆不动,应更换横拉杆内端连接孔内的缓冲衬套,并检查齿条及连接板与转向支架的连接情况,如松动应重新予以紧固。

③ 横拉杆随方向盘运动而转向臂不动,应对横拉杆外端球头销进行检修与调整。

④ 若转向臂能随之灵活摆动,可支起前桥晃动前轮检查,轮毂轴承松旷时,应更换新件。

⑤ 对其他类型的转向系统,还应检查和调整转向器的轴承预紧度、啮合间隙,调整、紧固各连接杆件球头销等。

3. 转向轮抖动（车轮摆振）

（1）故障现象

汽车在某低速范围内或某高速范围内行驶时,出现转向轮各自围绕自身主销进行角振动的现象。尤其是高速时,转向轮摆振严重,握方向盘的手有麻木感,甚至在驾驶室可看到汽车车头晃动。

（2）故障主要原因及处理方法

转向轮抖动的原因一般是转向轮定位不准，转向系统连接部件之间出现松旷，旋转部件动不平衡。

① 转向轮旋转质量不平衡或转向轮轮毂轴承松旷，应予以校正动平衡或更换轴承。

② 转向轮使用翻新轮胎，应予以更换。

③ 两转向轮的定位不正确，应予以调整或更换部件。

④ 转向系统与悬挂的运动发生干涉，应予以更换部件。

⑤ 转向器主、从动部分啮合间隙或轴承间隙太大，应予以调整或更换轴承。

⑥ 转向器垂臂与其轴配合松旷或纵、横拉杆球头连接松旷，应予以调整或更换。

⑦ 转向器在车架上的连接松动，应予以紧固。

⑧ 转向轮所在车轴的悬挂减振器失效或左、右两边减振器效能不一，应予以更换。

⑨ 转向轮所在车轴的钢板弹簧 U 形螺栓松动或钢板销与衬套配合松旷，应予以紧固或调整。

⑩ 转向轮所在车轴左、右两悬挂高度或刚度不一，应予以更换。

（3）故障诊断方法

以桑塔纳轿车为例，根据转向轮抖动特征，按照图 2-4-8 所示机械转向系统转向轮抖动故障诊断流程找出故障部位。

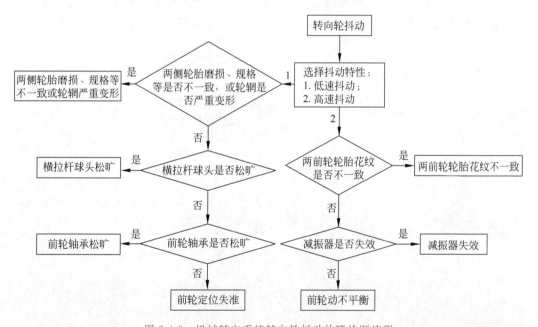

图 2-4-8 机械转向系统转向轮抖动故障诊断流程

为了操纵轻便、转向灵敏和提高行车安全，目前高级乘用车、豪华客车和重型货车广泛采用了动力转向系统。动力转向系统一般是在机械转向系统的基础上加装转向助力装置，常用的助力装置是液压式，主要由转向泵、动力油缸、控制阀、转向油罐和油管等组成。

动力转向系统的常见故障部位主要有方向盘自由行程、转向传动机构连接处、转向器、转向泵、控制阀、油管接头等。

4. 动力转向系统转向沉重

（1）故障现象

同机械转向系统。

（2）故障主要原因及处理方法

动力转向系统转向沉重故障一般由系统失效或助力不足，机械传动机构损坏或调整不当引起。

① 转向油罐油液油量不足或规格不符，应使用正确的油液并调整到规定高度。

② 油路堵塞或不畅，应予以检修。

③ 油路中有泄漏现象，应予以检修排除。

④ 油路中有空气，应予以排气。

⑤ 转向泵传动带损坏或打滑，应予以调整或更换。

⑥ 调节阀失效，使输出压力过低，应予以更换或调整。

⑦ 转向机构调整不当，应予以调整。

（3）故障诊断方法

检查转向油罐中油液是否不足，规格是否不符或有无气泡；检查管接头有无松动，转向泵传动带张紧力是否正常。将方向盘向左、右极限位置来回转动，如果左、右转向都沉重，故障在转向泵、液压缸或转向传动机构；如果左、右转向助力不同，故障在控制阀。动力转向系统转向沉重，助力部分故障诊断流程如图 2-4-9 所示。

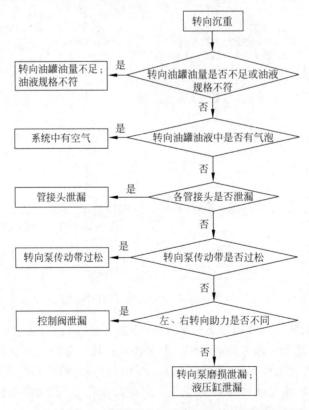

图 2-4-9　动力转向系统转向沉重，助力部分故障诊断流程

5．转向噪声

（1）故障现象

汽车转向时，转向系统出现过大的噪声。

（2）故障主要原因及处理方法

装有动力转向系统的汽车，在发动机起动后，转向助力泵的溢流阀中出现液流噪声是正常的，但噪声过大甚至影响转向性能时，该噪声应视为故障。

① 转向泵损坏或磨损严重，应予以修理或更换。

② 转向泵传动带打滑，应予以调整或更换。

③ 控制阀性能不良，应予以检修。

④ 系统中渗入空气，应予以排气。

⑤ 管道不畅，应予以检修等。

（3）故障诊断方法

转向时发出"咔嗒"声，在已排除转向泵叶片噪声的情况下，则由转向泵带轮松动引起。

转向时发出"嘎嘎"声，由转向泵传动带打滑引起。

转向时转向泵发出"咯咯"声，是由于系统中有空气；发出"嘶嘶"声，且系统无泄漏，转向泵传动带张紧度也合适，则由油路不畅或控制阀性能不良引起。

6．动力转向系统的其他故障

（1）转向助力瞬间消失

故障主要原因和处理方法：转向泵传动带打滑，紧固传动带；控制阀密封圈泄漏，更换控制阀密封圈；系统泄漏造成油面过低，找出泄露部位，查明原因，排除故障；发动机怠速过低，调整发动机怠速；系统内有空气，排除空气。

（2）方向盘回位不良

故障主要原因和处理方法：系统内有空气，排除空气；压力限制阀工作不良，更换；控制阀弹簧失效，更换。

（3）方向盘自由行程过大

故障主要原因和处理方法：系统内有空气或压力限制阀失效，排除空气、更换压力限制阀或油泵。

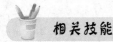 **相关技能**

一、准备活动

1．准备设备

实训车一辆、转向参数测量仪、常用维修工具。

2．学生分组

每5名学生为一小组，实训时，4名学生负责检查诊断，1名学生负责工作过程记录。

二、实施内容

动力转向系统转向沉重故障诊断

1. 填写车辆基本信息

将车辆基本信息填写在表 2-4-1 中。

表 2-4-1　车辆基本信息

车型		生产日期		制造厂	
车辆识别码			发动机型号		

2. 进行基本检查

（1）检查轮胎气压是否过低。

检查结果：_____。

（2）转向油罐油量是否不足或油液规格不符。

检查结果：_____。

（3）转向油罐油液中是否有气泡,若有,说明系统有空气。

检查结果：_____。

（4）检查各管接头是否泄漏。

检查结果：_____。

（5）检查转向泵传动带是否过松。

检查结果：_____。

（6）检查左、右转向助力是否不同,若是,说明控制阀泄漏,若不是,说明转向泵磨损泄漏,液压缸泄漏。

检查结果：_____。

3. 故障诊断与排除方法

按图 2-4-9 所示流程诊断与排除故障。

三、故障排除结果验证

检查转向沉重现象是否消失。

故障排除验证结果：_____。

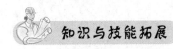

知识与技能拓展

一、转向系统的仪器检测

转向系统的常用诊断参数有方向盘最大自由转动量（即方向盘自由行程，(°)）、方向盘外缘最大转向切向力（即方向盘最大转向力，N）、转向轮最大转向角(°)、汽车最小转弯半径(m)、转向轮定位参数等。

对于前轮转向的汽车，转向轮定位参数包括主销后倾角、主销内倾角、前轮外倾角和前轮前束，即我们常说的前轮定位。转向轮定位应该是行驶系统的内容，但由于该参数的改变，既可能造成行驶系统故障（如轮胎异常磨损），也可能造成转向系统故障（如转向沉重），因此转向轮定位参数通常也作为转向系统的诊断参数。

依靠人工经验很难判断方向盘的转向力和自由转动量是否正确，可以使用专门仪器来检测。

1. 方向盘转向力的检测

操纵稳定性良好的汽车，必须有适度的转向轻便性。如果转向沉重，不仅增加驾驶员的劳动强度，而且可能会因不能及时正确转向而影响行车安全。如果转向太轻，又可能导致驾驶员路感太弱或汽车"发飘"，同样不利于行车安全。

转向轻便性可用一定行驶条件下作用在方向盘上的转向力（即作用在方向盘外缘的最大切向力）来表示，用转向参数测量仪（见图 2-4-10）可以测得方向盘转向力。

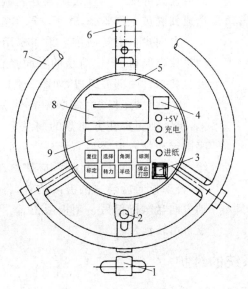

图 2-4-10　转向参数测量仪

1—定位杆；2—固定螺栓；3—电源开关；4—电压表；5—主机箱；
6—连接叉；7—操纵盘；8—打印机；9—显示器

（1）安装

将转向参数测量仪对准被测方向盘中心，调整好三只活动卡爪长度，与方向盘牢固连接。

（2）检测转动操纵盘

转向力通过底板、力矩传感器、连接叉传递到被测方向盘上，使方向盘转动。此时，力矩传感器将转向力矩变成电信号，而定位杆内端连接的光电装置则将转角的变化转变为电信号。这两种电信号由计算机自动完成数据的采集、转角的编码、运算、分析、存储、显示和打印，因而该仪器既可测得转向力，又可测得方向盘转角。

转向力的检测可按转向轻便性实验方法进行，一般有原地转向力实验、低速大转角（"8"字行驶）转向力实验、弯道转向力实验等，可参照相关国家标准的规定进行检测。

（3）结果分析

按 GB/T 18565 中 7.2.1 条的规定，路试时检测方向盘最大转向力采用如下方法。

汽车空载在平坦、干燥和清洁的硬路面上，以 10km/h 的速度在 5s 之内沿螺旋线从直线行驶过渡到直径为 24m 的圆周行驶，施加于方向盘外缘的最大切向力不得大于 150N。

GB/T 18565 中 7.2.2 条规定，原地检测：汽车转向轮置于方向盘上，转动方向盘使转向轮达到原厂规定的最大转角，在全过程中转向力测试仪测得的转动方向盘的操纵力不得大于 120N。

2. 方向盘自由转动量的检测

方向盘自由转动量又称为方向盘自由行程，是指汽车保持直线行驶位置不动时，左右晃动方向盘时的自由转动量（游动角度）。方向盘自由转动量是一个综合诊断参数，当其超过规定的值时，说明从方向盘至转向轮的传动链中有一处或几处的配合出现松旷。方向盘自由转动量过大时，将造成驾驶员工作紧张，并影响行车安全。

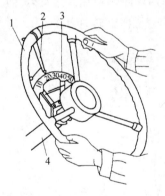

方向盘自由转动量可采用专用检测仪进行（转向参数测量仪也能检测）。简易的方向盘自由转动量检测仪由刻度盘和指针两部分组成，如图 2-4-11 所示。

刻度盘通过磁力座吸附在驾驶室仪表盘或转向管柱上，指针则固定在方向盘的周缘上；也可将指针通过磁力座固定在仪表板或转向管柱上，而刻度盘固定在方向盘周缘上。使用该种检测仪时，应使汽车保持直线行驶位置不动，转动方向盘至一侧极限位置，将刻度盘归零，再轻轻转动方向盘至行程另一侧极限位置，指针所示刻度即为方向盘自由转动量。

图 2-4-11　方向盘自由转动量的检测

1—方向盘；2—指针；3—刻度盘；4—转向管柱

二、动力转向系统的维护

以桑塔纳 2000 型轿车为例，动力转向系统的维护如下。

1. 检查转向油罐油平面和油液质量

（1）热车时让发动机怠速，转动方向盘，使转向油油温达到 40～80℃，检查转向油罐液面高度。

（2）检查油液是否有起泡或乳化现象。

2. 检查油压

（1）系统压力检查

如图 2-4-12 所示，打开压力表阀门，起动发动机并怠速运转，满方向转动方向盘数次，压力表读数应为 6.80～8.20MPa。

（2）转向泵压力检查

如图 2-4-13 所示，起动发动机并怠速运转，满方向转动方向盘数次，将压力表阀门关闭（不超过 5s），压力表读数应为 6.80～8.20MPa。

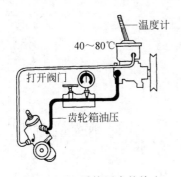
图 2-4-12　系统压力的检查

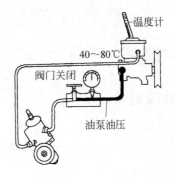
图 2-4-13　转向泵压力的检查

3. 清洁转向器及转向油泵外部

清洁并检查是否有漏油痕迹。

4. 检查各连接油管、接头

检查油管是否漏油，接头连接是否牢固可靠。

5. 检查转向油泵传动带松紧度

如图 2-4-14 所示，松开转向油泵装配支架上的 2 个螺母，转动调整螺栓，当带中部的挠度为 9～10mm 时，再将 2 个螺母锁止。

6. 测量方向盘上的转向力

转向力超过 40N 应予以检查维修，同时，方向盘自由行程应在规定范围内。

7. 转向器齿轮齿条的间隙调整

通过图 2-4-15 中所标的调节螺钉调整间隙。

8. 转向油更换

（1）支起汽车前部，使两前轮离开地面。拧下转向油罐盖，拆下回油管放油。同时起动发动机怠速运转，左右转动方向盘。

（2）关闭发动机，在转向油罐中添加转向油至规定高度，满打方向盘 2～3 次，若液面下降需补充转向油。降下汽车前部，起动发动机怠速运转，满打方向盘 2～3 次。重复以上操作，直到转向油罐液面无明显下降，转向油罐中转向油无气泡和乳化现象为止。

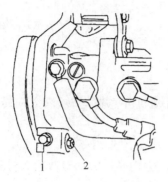 

图 2-4-14　转向油泵传动带张力的调整　　图 2-4-15　齿轮齿条间隙调整

1—调整螺栓；2—锁紧螺母

诊断案例

一、故障现象

一辆桑塔纳 2000 型轿车,行驶 6000km 后,方向机出现漏油故障。停驶时,总是发现有油漏在地上,时间长了不补充油,转向就会变得沉重起来。

二、故障诊断

桑塔纳 2000 型轿车,安装有动力转向系统,系统工作时有压力,如果方向机密封不良,很容易渗油。所以,动力转向的方向机,对密封件要求都比较严格。方向机漏油,说明方向机密封件失效。拆下方向机总成,更换修理包。

桑塔纳 2000 型轿车方向机修理包市场零售价 90～380 元不等,直接物比物也看不出质量的差别,就先买了一套 90 元的修理包换上,结果油越漏越厉害。没换修理包之前是渗油,换了修理包之后是滴油。怀疑可能是在压入时将油封切伤,只好又解体,重新购买一套 380 元的修理包,小心翼翼地装复,结果一样滴油,无奈只好更换了一个新方向机总成,才最终解决问题。实践说明,桑塔纳 2000 型轿车方向机修理包质量不过关,采用更换修理包的方法修复方向机漏油不可取。

三、故障排除

遇到类似故障时,建议采取更换方向机总成或者不拆检原漏油方向机,而放掉旧油后换新油的修复方法。另外,在换新油时,在动力转向系统中加入强力止漏剂也有明显止漏效果。

项目 2.5　制动效能不良的故障诊断

项目要求

(1) 能通过与客户交流、查阅相关维修技术资料等方式获取车辆信息。

（2）通过查阅资料和观摩，掌握制动系统常见故障的原因。

（3）掌握制动系统常见故障诊断流程。

（4）能根据环保要求，妥善处理辅料、废弃液体和已损坏零部件。

1. 故障案例

一辆桑塔纳 2000 型轿车在行驶过程中明显感到制动力不足，连续制动效果也没好转。通过初步检查，是由于真空助力器空气滤网堵塞，膜片两边压差过小所致，清洗滤网后，制动良好。

2. 故障分析

为了保证汽车能在安全的条件下具有高速行驶能力，制动系一般应具有良好的制动性能和制动稳定性，且制动时不跑偏、不侧滑，制动可靠，操作轻便、反应灵敏等。要迅速诊断和排除制动系统的故障，需熟悉以下知识。

一、相关知识

1. 液压制动系统的总体构造

汽车制动系统的功用是按照需要使汽车减速或在最短离内停车，下坡行驶时保持车速稳定，使停驶的汽车可靠驻停。

液压制动传动装置主要由前轮制动器、制动钳、制动管路、制动踏板、制动主缸、制动轮缸、后轮制动器等组成。桑塔纳 2000 GSi 型轿车常规制动系统为对角线分布的双管路液压制动系统，如图 2-5-1 所示，具有行车制动和驻车制动两套制动装置。前轮为盘式制动器，后轮为鼓式制动器（并兼作驻车制动器），驻车制动操纵为机械式。

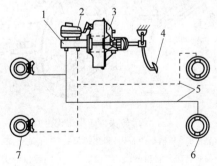

图 2-5-1　桑塔纳 2000 GSi 型轿车双管路液压制动系统

1—制动主缸；2—储液罐；3—真空助力器；4—制动踏板；5—制动管路；

6—后轮制动器（鼓式）；7—前轮制动器（盘式）

2. 盘式制动器

图 2-5-2 所示为桑塔纳 2000 型轿车的前轮盘式制动器,该制动器为浮钳盘式制动器。它由制动盘、内外摩擦块、制动钳壳体、制动钳支架、前制动轮缸等组成。

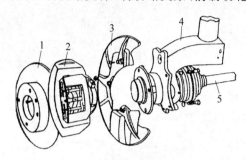

图 2-5-2　前轮盘式制动器分解图

1—制动盘;2—制动钳;3—制动底板;4—车轮支承壳总成;5—传动轴

3. 鼓式制动器

简单的鼓式车轮制动器由制动鼓、制动底板和制动蹄、制动轮缸以及定位调整机构组成。图 2-5-3 所示为桑塔纳 2000 型轿车的后轮鼓式制动器,制动器的制动毂通过轴承支承在后桥支承短轴上,与车轮一起旋转。

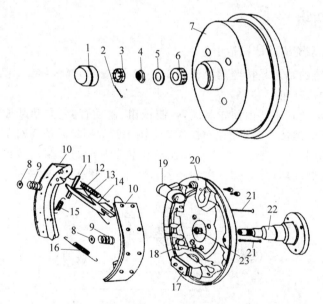

图 2-5-3　后轮鼓式制动器分解图

1—轮毂盖;2—开口销;3—开槽垫圈;4—调整螺母;5—止推垫圈;6—轴承;7—制动鼓;8—弹簧座;9—弹簧;10—制动蹄;11—楔形件;12—回位弹簧;13—上回位弹簧;14—压力杆;15—楔形件回位弹簧;16—下回位弹簧;17—固定板;18—螺栓(拧紧力矩为 60N·m);19—后制动轮缸;20—制动底板;21—定位销;22—后桥车轮支承短轴;23—观察孔橡胶塞

4. 驻车制动装置

驻车制动装置主要由操纵杆、平衡杠杆、拉索、拉索调整接头、拉索支架和制动器等组成。如图2-5-4所示，它作用于后轮，主要是在坡路或平路上停车时使用，或在紧迫情况下作紧急制动。

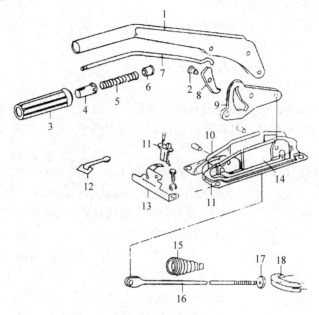

图 2-5-4　驻车制动装置分解图

1—驻车制动杆；2—螺栓；3—制动手柄套；4—旋钮；5—弹簧；6—弹簧套筒；7—棘轮杆；8—棘轮掣子；9—扇形齿；10—右轴承支架；11—驻车灯开关；12—凸轮；13—支架；14—左轴承支架；15—驻车制动拉杆底部橡皮防尘罩；16—驻车制动操作拉杆；17—限位板；18—驻车制动拉索调整杠杆

二、故障检测与诊断

液压制动系统常见故障有制动不良、制动失效、制动拖滞和制动跑偏等。

1. 制动不良

制动不良又叫制动力不足。

（1）故障现象

① 制动时，汽车不能立即减速或停车。

② 踏下第一脚制动踏板时，制动不良，连续踏下制动踏板，制动力逐渐增高，但仍感不足，制动效果不佳。

（2）故障主要原因及处理方法

① 制动管路中有空气，或油管凹瘪，软管老化、发胀，内孔不畅通或管路内壁积垢太厚。

处理方法：更换老化、发胀、凹瘪、内孔不畅通的油管，排出管路中的空气，如图2-5-5所示。

② 储液罐制动液不足或变质。

处理方法：添加或更换厂家规定规格的制动液并到规定高度。

③ 制动主缸、制动轮缸的皮碗、活塞、缸壁磨损过甚。

处理方法：更换部分零配件或总成。

④ 制动主缸、制动轮缸、管路或管接头漏油。

处理方法：应予以检查排除。

⑤ 制动鼓磨损过甚，或制动间隙调整不当。

处理方法：应予以更换或调整。

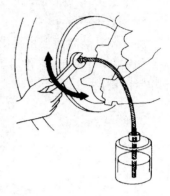

图 2-5-5 排出制动系统中的空气

⑥ 制动主缸出油阀、回油阀不密封或活塞回位弹簧预紧力太小，或进油孔、补偿孔、储液罐通气孔、活塞前贯通小孔堵塞。

处理方法：检查、调整、清洁或更换制动主缸，如图 2-5-6 所示。

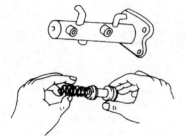

图 2-5-6 检查主缸活塞、皮碗和复位弹簧是否完好

⑦ 制动主缸或制动轮缸皮碗老化、发黏、发胀。

处理方法：更换制动主缸、制动轮缸皮碗或制动主缸、制动轮缸总成。

⑧ 制动器摩擦片（制动盘）与制动鼓（制动钳）的接触面积太小，制动蹄摩擦片质量欠佳或使用中表面硬化、烧焦、油污，铆钉头外露。

处理方法：磨削、修理或更换制动器摩擦片。

⑨ 增压器、助力器效能不佳或失效。

处理方法：更换增压器、助力器。

⑩ 制动踏板自由行程太大。

处理方法：调整制动踏板自由行程到规定值，如图 2-5-7 所示。

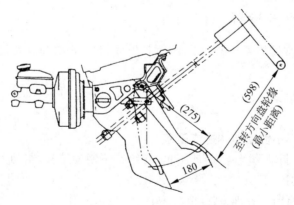

图 2-5-7 制动踏板的行程调整

（3）故障诊断方法

液压制动系统制动不良故障诊断流程如图 2-5-8 所示。

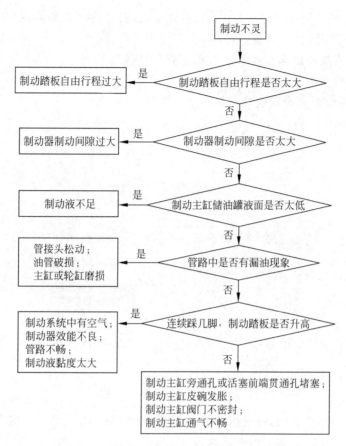

图 2-5-8 液压制动系统制动不良故障诊断流程

2. 制动失效

（1）故障现象

汽车行驶时，踩下制动踏板车辆不减速，即使连续踩几脚制动也无明显作用。

（2）故障主要原因及处理方法

① 制动主缸内无制动液。

处理方法：应添加制动液至规定高度。

② 制动主缸、制动轮缸皮碗严重破裂。

处理方法：更换制动主缸、制动轮缸皮碗或总成。

③ 制动软管、金属管断裂或接头处严重泄漏。

处理方法：更换或检修油管、接头。

④ 制动踏板至制动主缸的连接脱开。

处理方法：应予以修理。

（3）故障诊断方法

① 踩几次制动踏板，若制动踏板始终到底且无反力，则检查制动主缸是否缺少制动液，若缺少，应按规定添加。

② 若不缺,检查管路和接头有无破漏或堵塞,若有应进行修理或更换。

③ 检查制动系统内是否有空气,若有,应予以排气。

④ 检查各机械连接部位有无脱开,若有,应予以修复。

⑤ 若上述检查情况良好,应检修车轮制动器。

液压制动系统制动失效故障诊断流程如图 2-5-9 所示。

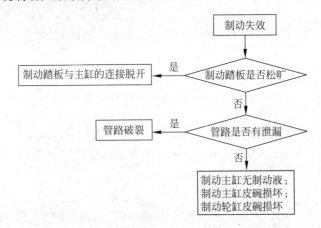

图 2-5-9　液压制动系统制动失效故障诊断流程

3. 制动拖滞

(1) 故障现象

① 在行车制动中,抬起制动踏板后,全部或个别车轮的制动作用不能完全立即解除,以致影响车辆重新起步、加速行驶或滑行。

② 汽车行驶一定里程后,用手触摸制动鼓感觉发热。

(2) 故障主要原因及处理方法

① 制动踏板无自由行程。

处理方法:调整制动踏板自由行程。

② 制动踏板回位弹簧脱落、拉断、拉力不足或制动踏板轴锈蚀、卡住而回位困难。

处理方法:连接或更换制动踏板回位弹簧。

③ 制动主缸皮碗发胀、发黏或活塞回位弹簧拉断、预紧力太小,造成回位不畅。

处理方法:更换制动主缸皮碗或活塞回位弹簧。

④ 制动主缸补偿孔被污物堵塞。

处理方法:应清洁制动主缸补偿孔。

⑤ 制动蹄回位弹簧脱落、拉断、拉力太小而回位不畅。

处理方法:连接或更换制动蹄回位弹簧。

⑥ 制动器制动间隙太小。

处理方法:调整制动器制动间隙。

⑦ 制动油管凹瘪、堵塞或制动液太脏、太稠而使回油困难。

处理方法:应更换制动油管或制动液。

（3）故障排除

① 制动时车辆向左跑偏,即为右侧车轮制动不良;向右跑偏,即为左侧车轮制动不良。

② 当确定某车轮制动不良后,应先调整制动鼓与制动蹄片之间的间隙。

③ 若制动间隙符合要求,应对该制动轮缸进行排气。

④ 经上述检查调整后,仍不能排除,应拆检车轮制动器。

液压制动系统制动拖滞故障诊断流程如图 2-5-10 所示。

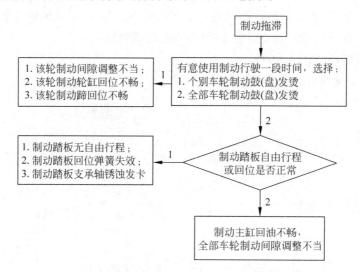

图 2-5-10 液压制动系统制动拖滞故障诊断流程

4. 制动跑偏

（1）故障现象

制动时,左、右轮制动效能不同,致使车辆向一侧偏斜。

（2）故障主要原因及处理方法

制动跑偏是由两侧车轮受力不等或制动生效时间不一致所致。

① 两侧轮胎气压不同、磨损程度不一致。

② 一侧制动轮缸工作不良,存在漏油或黏滞等现象。

③ 一侧制动管路漏油、凹陷堵塞使制动液流动不畅或存在空气。

④ 一侧制动蹄或制动钳摩擦片沾有油污。

⑤ 一侧制动蹄、制动鼓或制动盘变形,致使蹄鼓(或蹄盘)贴和不良。

⑥ 两侧车轮制动器制动间隙、摩擦片磨损程度不一致。

⑦ 一侧制动底板或制动钳支架紧固螺栓松动。

⑧ 压力调节器调整不当或制动压力分配阀失效。

⑨ 两侧轮毂轴承预紧度调整不一致。

⑩ 前轮定位失准,两侧主销内倾、主销后倾、车轮外倾角不一致,前束不正确,悬架固定件松动等。

（3）故障诊断方法

① 路试。车辆行驶中减速制动时，若车辆向一侧偏斜，说明另一侧车轮制动迟缓或制动力不足，仔细检查该轮制动管路有无凹瘪堵塞及漏油现象，并予以排除。

② 若上述情况良好，可对该轮轮缸进行排气，并检查轮胎气压及其磨损程度。

③ 若上述均无问题，应检查制动底板或制动钳支架是否松动，并检查、调整轮毂轴承预紧度。

④ 拆检制动器，检查摩擦片表面是否油污，并查明油污来源。同时应检查制动蹄、制动鼓或制动钳、盘是否变形严重，制动轮缸是否工作不良等，视情况维修或更换。

⑤ 检查压力调节器或制动压力分配阀，视情况维修或更换。

⑥ 检查、调整前轮定位参数。

液压制动系统制动跑偏故障诊断流程如图 2-5-11 所示。

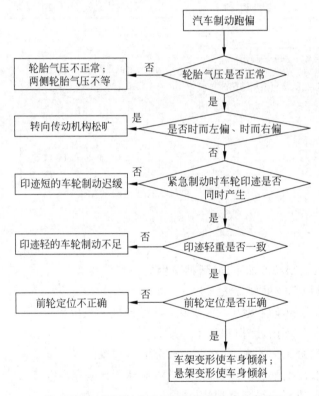

图 2-5-11　液压制动系统制动跑偏故障诊断流程

驻车制动装置常见的故障主要包括驻车制动效能不良、驻车制动拉杆不能定位。

5. 驻车制动效能不良

（1）故障现象

在坡道上停车，拉起驻车制动操纵杆，车辆仍能溜动。

（2）故障主要原因及处理方法

① 拉杆的工作行程过大。

处理方法：调整拉索的长度。

② 后制动摩擦片或制动鼓有油污。

处理方法：清洁后制动摩擦片或制动鼓。

③ 拉索连接部分松旷或因阻滞而运动不畅。

处理方法：应予调整、清洁或更换拉索。

（3）故障诊断方法

检查驻车制动拉杆的工作行程，如果正常，故障一般由后制动摩擦片或制动鼓有油污，后制动摩擦片烧蚀引起；如果不正常，故障一般由驻车制动工作行程调整过大，驻车制动拉索连接部分松旷或因阻滞而运动不畅引起。

6. 驻车制动拉杆不能定位

（1）故障现象

拉起拉杆至某一位置，放手后拉杆又回到初始位置，或拉杆不能拉起。

（2）故障主要原因及处理方法

① 棘爪弹簧失效或折断。

处理方法：更换棘爪弹簧。

② 棘爪与齿板轮齿磨损过甚而滑牙。

处理方法：更换棘爪与齿板轮。

③ 棘爪或拉杆变形卡滞。

处理方法：应校正或更换棘爪或拉杆。

（3）故障诊断方法

反复按放驻车制动拉杆，观察拉杆能否复位。如果能，故障一般由棘爪弹簧失效或折断，棘爪与齿板轮齿磨损过甚而滑牙引起；如果不能，故障一般由棘爪或拉杆变形卡滞，棘爪或齿板等处铆钉脱落引起。

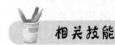 **相关技能**

一、准备活动

1. 准备设备

实训车一辆、游标卡尺、百分表、磁性表座、常用维修工具。

2. 学生分组

每 5 名学生为一小组，实训时，4 名学生负责检查诊断，1 名学生负责工作过程记录。

二、实施内容

制动不灵故障诊断过程如下。

1. 填写车辆基本信息

将车辆基本信息填写在表 2-5-1 中。

表 2-5-1　车辆基本信息

基本信息	车型		生产厂家	
	发动机型号		车身底盘号	
	出厂日期		行驶里程	
故障现象				

2. 进行基本检查

（1）连续踏下制动踏板，制动踏板能逐渐升高，再往下踏感到有弹性，即为制动系内有空气，应对制动系统进行排气，如图 2-5-12 所示。将软管接在轮缸的放气螺钉上，拧松放气螺钉，踩踏制动踏板，排除空气。

（2）一脚制动不灵，连续踏下制动踏板时，制动踏板位置逐渐升高且制动效果良好，表明自由行程过大或摩擦片与制动鼓间隙过大，应予以调整，调整方法如图 2-5-13 和图 2-5-14 所示。

图 2-5-12　排出制动系统中的空气　　　　图 2-5-13　调整主缸推杆自由行程

（3）连续踏下制动踏板，制动踏板位置能逐渐升高，升高后不抬脚继续踏，此时感到有下沉感，如图 2-5-15 所示。表明制动系统中有漏油之处或制动主缸出油阀关闭不严。应检查油管、油管接头和主缸。

（4）当踏下制动踏板时，制动踏板高度符合要求，也不软弱不下沉，但制动效果不好，应检修车轮制动器，如图 2-5-14 所示。

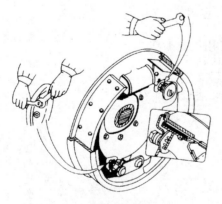
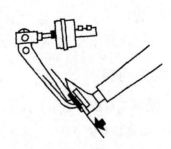

图 2-5-14　检查调整车轮制动器　　　　图 2-5-15　在保持压力时，制动踏板有下沉感

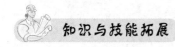

知识与技能拓展

一、制动液的更换

桑塔纳 2000 型轿车更换制动液时,应使用原产的 VW/AUDI 制动液(符合美国 FMVSS116DOT 标准),或使用大众公司规定的制动液,型号为 N052 760 XO。应每隔两年更换制动液一次,如果不到两年,但汽车行驶里程已超过 50000km 时,也应更换制动液。

制动液有毒性和强腐蚀性,不可与油漆接触。制动液具有吸湿性,即它能吸收周围空气中的水分,因此要将它存放在密封的容器里。

制动液储液罐位于发动机罩内制动主缸上方,制动液罐表面刻有"Max"和"Min"标记,应注意检查液面高度。正常工作时,液面应始终保持在"Max"和"Min"标记之间,汽车制动摩擦片磨损而自动调节,引起制动液面略有下降是完全正常的。若短时间内出现制动液面显著下降或低于"Min"标记,则可能是制动系统有渗漏故障,应立即检查,故障排除后方可使用。桑塔纳 2000 型轿车配有制动液面过低报警信号灯,一旦储液罐内液面过低,自动报警,提醒驾驶员注意。

二、制动系统放气

1. 使用 VW1238/1 制动系统放气装置放气

接通 VW1238/1 制动系统放气装置,按规定顺序打开放气螺栓,如图 2-5-16 所示,然后排出制动钳和车轮制动轮缸中的气体,用专用排液瓶盛放排出的制动液。

制动系统放气顺序如下。

(1)右后车轮制动轮缸。

(2)左后车轮制动轮缸。

(3)右前制动钳。

(4)左前制动钳。

2. 不用 VW1238/1 制动系统放气装置放气

(1)将一根软管一端接到放气螺钉上,一头插入排液瓶。

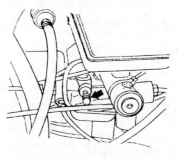

图 2-5-16 制动系统放气

(2)一人用力迅速踩下并缓慢放松制动踏板,如此反复数次后,踩下制动踏板,并保持一定高度不动。

(3)另一人拧松放气螺钉,管路中空气随制动液顺着胶管排出制动系统,排出空气后再将放气螺钉拧紧。

(4)重复上述步骤多次,直至容器中制动液里无气泡为止。

(5)观察储液罐制动液面高度,必要时添加制动液。

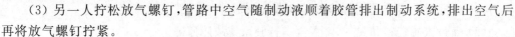

诊断案例

一、故障现象

一辆捷达王轿车行驶中踩制动,制动踏板突然变硬,真空助力消失。

二、故障诊断

经检查发现,通往真空助力泵的助力塑料管断裂,更换该真空助力塑料管,故障排除,但最多只要一个星期,该故障又重新出现。

反复比较更换下来的真空塑料管,发现出现裂纹的位置都集中在靠近进气歧管一端,塑料管的内壁有仿佛被火烧过的痕迹,怀疑是发动机回火造成,但经过试车与 V. A. G1551检测,发动机工作正常,并且即使有回火现象,造成该处损坏的可能性也极小,但试车中发现空调正面不出风。检查空调真空软管,发现经过电瓶的空调真空软管已经被磨破,而控制空调正面出风的真空阀门的真空力就是来自损坏的制动真空软管。

三、故障排除

更换空调真空软管,未出现制动助力消失现象,制动真空管没有损坏,空调出风风向调节恢复,故障彻底排除。

四、故障点评

该故障反复出现多次,主要是没有认真进行故障分析,捷达王轿车的空调真空与制动真空助力管都是通过该塑料管取自进气歧管,经过电瓶的空调真空管泄漏后由于发动机工作吸气将电瓶硫酸蒸气吸入制动真空助力管,造成该塑料管被腐蚀断裂。该故障隐蔽性高,威胁行车安全,应引起充分重视。

项目2.6　汽车行驶系统的故障诊断

项目要求

(1) 能通过与客户交流、查阅相关维修技术资料等方式获取车辆信息。

(2) 通过查阅资料和观摩,掌握汽车行驶系统故障原因。

(3) 掌握汽车行驶系统故障诊断流程。

(4) 能根据环保要求,妥善处理辅料、废弃液体和已损坏零部件。

项目载体

1. 故障案例

一辆桑塔纳轿车在行驶过程中,有行驶偏摆的感觉,送修理厂检修,技术人员说,需要进行前轮定位、轮胎平衡等项目的检查。

2. 故障分析

行驶系统是发动机的最终传动,是汽车行驶的腿和脚,其性能的好坏,将直接影响车辆的动力性、经济性、安全性、可靠性、舒适性。因此,需要经常进行维护保养、检查调整。行驶系统是汽车极易损耗和产生故障的系统。

项目链接

一、相关知识

行驶系统主要由车架、车桥、车轮(包括轮胎)和悬架组成。

1. 前悬架的结构

桑塔纳 2000 型轿车采用前轮驱动、独立悬架的结构形式。前桥与前悬架由传动轴(半轴)总成、前悬架总成、副车架和下摇臂组成,如图 2-6-1 所示。

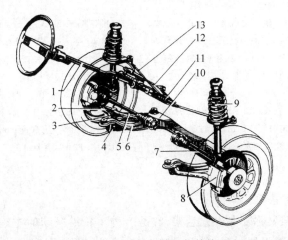

图 2-6-1 前桥与前悬架结构

1—安全转向柱;2—车轮与下摇臂的连接螺栓;3—下摇管;4—下摇臂橡胶轴承;5—稳定杆;6—副车架;7—传动轴(半轴);8—前轮制动钳;9—减振支柱;10—副车架前橡胶支承;11—动力转向装置;12—转向减振器;13—横拉杆(可调整)

桑塔纳 2000 型轿车前桥与前悬架部件如图 2-6-2 所示。桑塔纳 2000 型轿车前悬架为独立悬架,采用滑柱连杆式(麦弗逊式),由双向筒式减振器、螺旋弹簧、悬架柱焊接件、缓冲垫、橡胶防尘罩等组成,如图 2-6-3 所示。其特点是筒式减振器作为悬架杆系的一部分兼起主销作用,滑柱在作为主销的圆筒内上下移动,减振器支柱座与车身连接取消了摇臂。这种悬架结构简单、布置紧凑、操纵稳定性好。

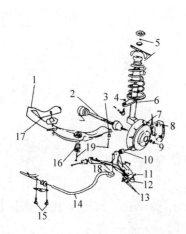

图 2-6-2 前桥与前悬架部件分解图

1—副车架;2—传动轴;3—副车架后橡胶轴承;4—螺母(拧紧力矩为 30N·m);5、18—自锁螺母(拧紧力矩为 60N·m);6—减振支柱;7、19—螺栓(拧紧力矩为 70N·m);8—制动钳;9—自锁螺母(拧紧力矩为 230N·m);10—下摇臂下支座;11—自锁螺母(拧紧力矩为 50N·m);12—球形接头;13—自锁螺母(拧紧力矩为 65N·m);14—稳定杆;15—螺栓(拧紧力矩为 25N·m);16—副车架前橡胶轴承;17—自锁螺母(拧紧力矩为 40N·m)

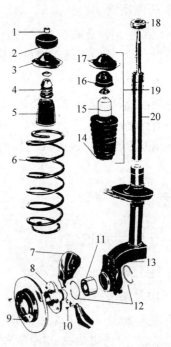

图 2-6-3 前悬架分解图

1—开槽螺母;2—悬架支承轴轴承(只能整件更换);3—弹簧护圈;4—限位缓冲器;5—护套;6—螺旋弹簧;7—挡泥板;8—轮毂;9—制动盘;10—紧固螺栓(拧紧力矩为 10N·m);11—车轮轴承;12—卡簧;13—车轮轴承壳;14—辅助橡胶弹簧;15—限位缓冲器;16—波纹管盖;17—弹簧护圈带通气孔;18—螺母盖(拧紧力矩为 150N·m);19—崎岖路面选装件(M103);20—减振器

(1) 滑柱连杆式悬架

滑柱连杆式悬架又称麦弗逊式悬架,它是一种车轮沿摆动的主销轴线移动的独立悬架,主要由双向筒式减振器、螺旋弹簧、悬架柱焊接件、限位缓冲器、橡胶防尘罩及金属-橡胶轴套等组成,如图 2-6-4 所示。

筒式减振器上端用螺栓与车身连接,下端通过球铰链与悬架下摇臂相连,承受前桥的侧向力和弯矩以增加侧向刚度,使前轮不易发生偏摆,减振器外套有螺旋弹簧。

主销轴线为主、下铰链中心连线。当车轮上下跳动时,减振器下支点随前悬架摇臂摆动,故主销轴线角度是变化的,这说明车轮是沿着摆动的主销轴线运动。

此结构的特点是结构简单、布置紧凑、便于维修,且转弯直径小,机动性好。

（2）横向稳定杆

横向稳定杆是一根贯穿车身下部的弹性扭杆，由弹簧钢制成，截面呈圆形，横向安装在副车架上。其两侧末端与悬架下摇臂相连，中部两边自由支承在固定于副车架上的橡胶套筒内。当两侧悬架变形且车身相对于路面横向倾斜时，稳定杆两边纵向部分向不同方向偏转，产生扭转力矩，妨碍了悬架弹簧的变形，减少车身侧倾，提高操纵稳定性和行驶平顺性。

（3）副车架和下摇臂

发动机总成通过支承橡胶安装在副车架上，下摇臂通过橡胶轴承与副车架相连接，副车架通过4个橡胶垫与车身连接。

副车架由1.75mm厚钢板冲压成形，上下两片点焊成封闭箱形断面结构。桑塔纳2000型轿车下摇臂采用双片Y形点焊结构（板厚2.0mm），其强度增大。

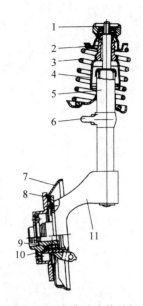

图2-6-4　麦弗逊式前悬架

1—螺母盖；2—限位缓冲器；3—螺旋弹簧；4—防尘罩；5—减振器；6—转向臂；7—挡泥板；8—制动盘；9—车轮轴承；10—卡簧；11—车轮轴承壳

2. 后悬架的结构

桑塔纳2000型轿车后桥是纵向摆臂式非驱动桥，后悬架为独立悬架，其结构如图2-6-5所示。

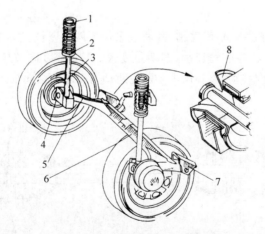

图2-6-5　后桥和后悬架结构示意图

1—支承杆座；2—减振支柱；3—减振器；4—轮毂短轴；5—悬架臂；6—横梁；7—带金属橡胶支承的支承座；8—金属橡胶支承

后桥桥架由一根6mm厚的V形冲压横梁和两根圆柱管状的悬架臂以及内加强筋和外加强复板焊接组成，并通过安装在悬架臂前的金属橡胶支承的支承座和后减振器支承杆座与车身相连接。后桥轮毂（制动鼓）内侧轴承压在轮毂短轴上，带有密封圈，防止润滑脂泄漏。外侧轴承靠在轮承挡上，并由自锁螺母锁紧，轮毂短轴凸缘用4个螺栓固定在悬架臂总成上的轴端支承面上。轮毂和车轮由轮胎螺栓紧固在一起。

后悬架由双向筒式减振器、螺旋弹簧、后桥桥架组成。纵向悬架臂作为纵向推力杆，而 V 形断面的后桥横梁允许扭转变形，可以兼起横向稳定杆的作用。后桥和后悬架如图 2-6-6 所示。

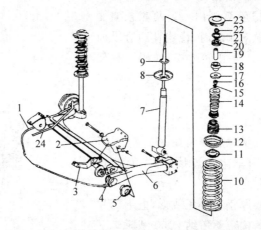

图 2-6-6   后桥和后悬架的分解图

1—驻车制动拉索套管(固定弹簧钩在车身上)；2—支承座；3—调节弹簧支架；4—驻车制动拉索支架；5—金属橡胶支承；6—后桥架臂；7—减振器；8—下弹簧座圈；9、17—垫圈；10—螺旋弹簧；11—护盖；12—上弹簧座；13—波纹橡胶管；14—缓冲块；15—卡簧；16—隔圈；18—下轴承环(橡胶件)；19—隔套；20—上轴承环；21—衬盘(隔圈)；22—自锁螺母(拧紧力矩为 35N·m)；23—塞盖；24—制动管和制动软管

3. 传动轴的结构

桑塔纳轿车传动轴为空心传动轴，其两端采用了两种不同型号的球笼式等速万向节。RF 型万向节通过花键轴与前轮连接，摆动角度大。VL 型万向节用螺栓与差速器罩壳连接，其内外星轮可做轴向移动，以补偿由于前轮跳动而引起的横向轴距的变化，如图 2-6-7 和图 2-6-8 所示。

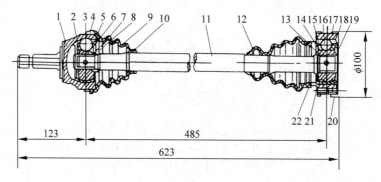

图 2-6-7   传动轴

1—RF 型万向节外星轮；2、19—卡簧；3、16—钢球；4、10、22—夹箍；5—RF 型万向节球笼；6—RF 型万向节内星轮；7—中间挡圈；8、13—碟形弹簧；9—橡胶护套；11—花键轴；12—橡胶护套；14—VL 型万向节内星轮；15—VL 型万向节球笼；17—VL 型万向节外星轮；18—密封垫片；20—塑料护罩；21—VL 型万向节护盖

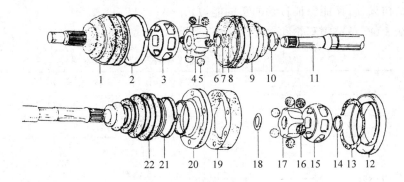

图 2-6-8　传动轴分解图

1—RF 型万向节外星轮；2、10、21—夹箍；3—RF 型万向节球笼；4—RF 型万向节内星轮；

5、16—钢球；6、14—卡簧；7—中间挡圈；8、18—碟形弹簧；9、22—橡胶护套；11—花键轴；

12—塑料护套；13—密封垫片；15—VL 型万向节球笼；17—VL 型万向节内星轮；19—VL

型万向节外星轮；20—VL 型万向节护盖

4. 车轮与轮胎的结构

桑塔纳 2000 型轿车车轮由轮毂、轮辋和轮盘组成。车轮总成如图 2-6-9 所示。

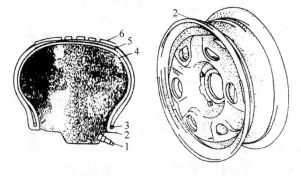

图 2-6-9　桑塔纳轿车的子午线轮胎及其轮辋

1—气门嘴；2—轮辋；3—钢丝圈；4—气密层；5—带束层；6—胎面层

桑塔纳轿车的轮辋为深槽式，材质为钢质（或铝合金），如图 2-6-9 所示。桑塔纳轿车的轮胎是无内胎的子午线轮胎，它由帘布层、带束层、胎面层和钢丝圈组成。帘布层帘线排列方向与轮胎的子午断面一致，这样的排列使帘线的强度得到充分利用，因此帘布层数较普通斜交胎少，胎体较软。带束层是由强度高、拉伸变形很小的织物帘布或钢丝帘布组成。与普通斜交胎相比，子午线轮胎具有弹性大、耐磨性好、滚动阻力小、附着性能好等优点，改善了高速行驶或转弯时的操纵稳定性。

桑塔纳 2000 型轿车采用无内胎的子午线轮胎，其型号为 195/60 R14 85H。

桑塔纳 2000 型轿车的车轮必须经过动平衡，否则会影响汽车的操纵稳定性，而且会加速轮胎的磨损。

由于桑塔纳 2000 型轿车前桥为独立悬架式，后桥为一种扭转梁式的半独立悬架，因此为保证车辆稳定地直线行驶，采用了与一般汽车不同的“四轮定位”方式，既能满足较好平顺性的结构设计,又能保证自动回正的能力。

桑塔纳 2000 型轿车车轮和轮胎的主要技术参数见表 2-6-1。

表 2-6-1　桑塔纳 2000 型轿车车轮和轮胎的主要技术参数

项　目			技　术　参　数
轮胎型号			195/60 R14 85H
轮辋型号			6JX14ET38
充气压力/kPa	半载	前轮	180
		后轮	180
	满载	前轮	190
		后轮	240
车轮动态不平衡量/g			在轮辋边缘上小于 80
轮胎允许不平衡量/g			轮胎质量的 0.7%

二、故障检测与诊断

行驶系统的常见故障部位主要有减振器、前轮定位、轮胎动平衡、杆系连接处以及驱动桥的齿轮、轴承等。

行驶系统的常见故障有行驶平顺性不良、车身横向倾斜、轮胎异常磨损、行驶无力和行驶跑偏。

1. 行驶平顺性不良

(1) 故障现象

汽车行驶时出现振动,加速时出现窜动,驾乘人员感觉很不舒服。

(2) 故障主要原因及处理方法

① 前稳定杆卡座松旷或橡胶支承损坏,应予以更换。

② 车轮动平衡超标,应予以校正。

③ 减振器或缓冲块失效,应予以修理或更换。

④ 传动轴动不平衡,应予以校正。

⑤ 钢板弹簧支架衬套磨损松旷,应予以更换。

⑥ 车轮轴承松旷或转向横拉杆球头松旷,应予以更换。

⑦ 钢板弹簧 U 形螺栓滑牙或松动,应予以更换或紧固。

⑧ 发动机横梁和下摆臂的固定螺栓或衬套松旷,应予以修理或更换。

⑨ 半轴内外万向节磨损松旷,应予以更换。

⑩ 轮胎气压过高,磨损不均,应予以调整或更换等。

(3) 故障诊断方法

下面以桑塔纳 2000 型轿车为例,针对不同的行驶平顺性特征,对照图 2-6-10 所示行驶平顺性不良故障诊断流程,找出故障部位。流程图中 1、2 序号是推荐的检测顺序,实际检测时,可根据具体故障现象,来决定检测顺序,以迅速排除故障。

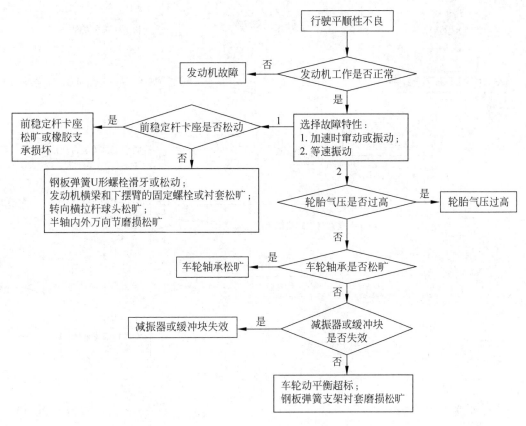

图 2-6-10　行驶平顺性不良故障诊断流程

2. 车身横向倾斜

（1）故障现象

汽车车身左高右低或左低右高，出现倾斜。

（2）故障主要原因及处理方法

① 左、右轮胎气压不一致，应按规定充气。

② 左、右轮胎规格不一致，应予以更换。

③ 悬架弹簧自由长度或刚度不一致，应予以更换。

④ 下摆臂变形，应予以校正或更换。

⑤ 发动机横梁和下摆臂的固定螺栓或衬套松旷，应予以修理或更换。

⑥ 减振器或缓冲块损坏，应予以更换。

⑦ 发动机横梁变形，应予以校正或更换。

⑧ 车身变形，应予以整形修理等。

（3）故障诊断方法

以桑塔纳乘用车为例，先检查左、右轮胎的气压、规格是否一致，再检查悬架、车身等部位，确定故障位置。车身横向倾斜故障诊断流程如图 2-6-11 所示。

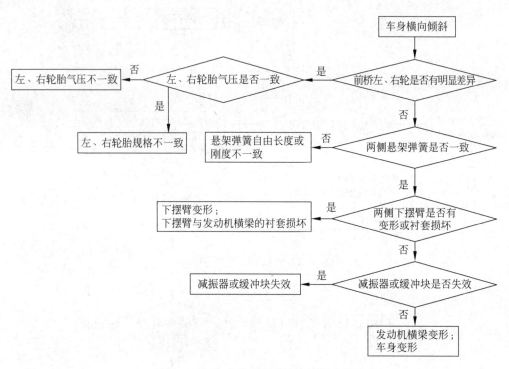

图 2-6-11　车身横向倾斜故障诊断流程

3. 轮胎异常磨损

（1）故障现象

前轮轮胎磨损速度加快，胎面出现如图 2-6-12 所示不正常的磨损形状。

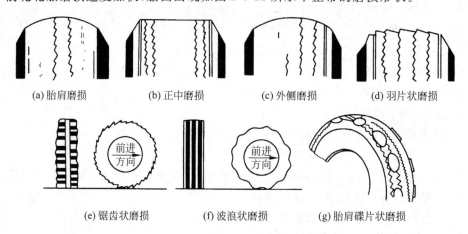

(a) 胎肩磨损　　　(b) 正中磨损　　　(c) 外侧磨损　　　(d) 羽片状磨损

(e) 锯齿状磨损　　　(f) 波浪状磨损　　　(g) 胎肩碟片状磨损

图 2-6-12　前轮轮胎不正常磨损示意图

（2）故障主要原因及处理方法

① 轮胎气压不符合要求，轮胎质量不佳或车轮螺栓松动，应按规定充气，更换轮胎或紧固车轮螺栓。

② 轮胎长期未换位或汽车经常行驶在拱度较大的路面上,应及时进行轮胎换位(一般行驶 10000km 应换位,并进行动平衡校正)。

③ 前轮定位不正确或前轮旋转质量不平衡,应校正前轮定位和车轮平衡。

④ 纵横拉杆、轮毂轴承松旷或转向节与主销松旷,应予以修理或更换。

⑤ 钢板弹簧 U 形螺栓松旷或钢板弹簧衬套与销松旷,应予以紧固或更换。

⑥ 经常超载、偏载、起步过急、高速转弯或制动过猛,应注意采用正确的驾驶方法。

⑦ 转向梯形不能保证各车轮纯滚动,出现过度转向,应予以调整。

⑧ 前轴与车架纵向中心线不垂直或车架两边的轴距不等,应予以调整。

⑨ 前梁或车架变形,应予以整形。

⑩ 前轮放松制动回位慢或制动拖滞,应予以排除。

车架、悬架与四轮定位对车轮的运动非常敏感,尤其是汽车高速运行时,若四轮运动稍微出现不能协调一致,就会导致轮胎的不正常磨损,以及车辆振动。

(3) 故障诊断方法

以桑塔纳轿车为例,根据轮胎磨损的情况确定故障原因。

① 胎冠两肩磨损与胎壁擦伤,是由于轮胎气压不足或汽车长期超载引起。

② 胎冠中部磨损,是由于轮胎气压过高引起。

③ 胎冠内(外)侧偏磨损,是由于车轮外倾角过大(小)引起。

④ 胎冠两侧成锯齿状磨损,是由于轮胎换位不及时或汽车经常紧急制动或长期超载引起。

⑤ 胎冠由外(里)侧向里(外)侧呈锯齿状磨损,是由于前束过大(小)引起。

⑥ 胎冠呈波浪状或碟片状磨损,是由于轮毂轴承松旷或车轮动不平衡引起。

4. 行驶系统故障的仪器检测

行驶系统的常用诊断参数有车轮动不平衡量(g)、车轮前束(mm)、车轮外倾角(°)、主销内倾角(°)、车轮侧滑量(m/km)等。以上参数的数值正确与否,凭人工经验很难判断,必须通过专用仪器进行检测。

(1) 车轮平衡的检测

车轮高速旋转时,不平衡质量会引起车轮上下跳动和横向摆振,不仅影响汽车的行驶平顺性、乘坐舒适性和操纵稳定性,而且也会影响行车安全。车轮的上下跳动和横向摆振还会加剧轮胎的磨损,缩短汽车使用寿命,增加汽车运输成本。

车轮不平衡的原因主要有轮辋、轮胎在生产和修理过程中的精度误差、轮胎材料不均匀;轮胎装配不正确,轮胎螺栓质量不一;平衡块脱落;汽车行驶过程中的偏磨损;使用翻新胎或补胎等。

使用离车式动平衡机检测校正车轮动平衡。

① 清除车轮上的泥块、石子和旧平衡块。

② 将轮胎气压充至规定值。

③ 根据轮辋中心孔的大小选择锥体或多孔式连接盘,将车轮装上动平衡机,拧紧固

定螺母。

④ 测量轮辋宽度 b、轮辋直径 d 和轮辋边缘至机箱的距离 a，将这三个值输入动平衡机。

⑤ 放下车轮防护罩，打开电源开关，按动起动按钮，车轮开始旋转，动平衡机开始采集数据。

⑥ 检测结束后，从指示装置读取车轮不平衡量和不平衡位置。

⑦ 抬起车轮防护罩，用手慢慢转动车轮，当指示装置发出声音或灯光等信号时停止转动。根据显示的平衡块质量，在轮辋内侧或外侧牢固安装平衡块。

⑧ 重新检测动平衡，直到指示装置显示不平衡质量<5g，或显示"00""OK"为止。

⑨ 关闭电源开关，取下被测车轮。

离车式动不平衡检测如图 2-6-13 所示。具体检测方法详见使用说明书。

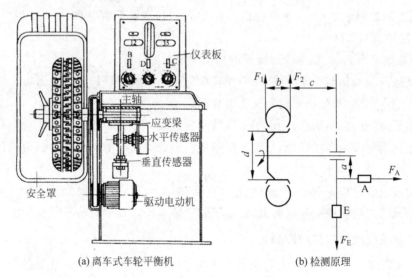

(a) 离车式车轮平衡机   (b) 检测原理

图 2-6-13　离车式动不平衡检测原理

A—水平传感器；E—垂直传感器

(2) 前轮侧滑量的检测

前轮侧滑量的检测一般在侧滑试验台上进行，其值不得超过 5m/km。前轮侧滑量是前轮定位失准的一种表现形式。

① 影响侧滑量检测结果的因素。

a. 转向轮外倾与前束匹配不当。

b. 轮毂轴承间隙过大或左、右松紧度不一致。

c. 转向节主销和衬套磨损严重。

d. 横、直拉杆球头松旷或左、右悬架性能有差异。

e. 前、后轴不平行。

f. 左、右轮胎气压不等或花纹不一致。

g. 轮胎磨损过大或严重偏磨。

h. 轮胎表面有水、油或石子等。

i. 汽车通过侧滑试验台的速度过快。

j. 汽车通过侧滑试验台时转向轮与侧滑板不垂直。

② 检测前的准备。

a. 调整轮胎气压至规定值。

b. 清除轮胎表面的水、油或石子等。

c. 检查试验台导线连接情况,仪表复零。

d. 打开试验台锁止装置,检查侧滑板能否滑动自如和回位(侧滑板回位后,指示装置应指示零点)。

③ 检测。

a. 汽车以 3~5km/h 的速度垂直平稳地通过侧滑板。

b. 从显示装置上读取侧滑值。

c. 锁止侧滑板,切断试验台电源。

④ 注意事项。

a. 避免试验台超载。

b. 汽车通过试验台时,不允许转向、制动或将汽车停放在试验台上。

c. 保持试验台及周围环境的清洁,尤其是侧滑板的清洁。

d. 后轮有定位的乘用车,也要检测后轮的侧滑量是否合格。

(3) 四轮定位的检测

四轮定位参数超出正常值不仅会导致转向沉重,轮胎磨损加剧,汽车油耗增大等故障,还会导致汽车操纵稳定性、行驶安全性变差。出现以下情况应对汽车进行四轮定位的检测。

① 直线行驶困难:转向沉重、发抖、跑偏、不自动复位。驾驶时车感飘浮、颠颤、摇摆等不正常的驾驶感觉。行驶中方向盘不正或行车方向出现跑偏现象。

② 轮胎出现不正常磨损:单边磨损、波状磨损、块状磨损、偏磨等。

③ 汽车更换悬架系统或转向系统有关部件。

④ 前部经碰撞事故维修后。

(4) 四轮定位参数的检测过程

① 汽车开上举升平台,把汽车举升 0.5m(第一次举升)。

② 托住车身,将车辆举升至车轮能自由转动(第二次举升)。

③ 检查轮胎磨损情况,要求各轮胎磨损基本一致。如果各轮胎磨损不一致,应根据具体情况进行换位或更换轮胎。

④ 检查轮胎气压,应符合标准值。如轮胎气压不满足要求,应进行充气至标准气压。

⑤ 检查车身高度,检查车身四个角的高度和减振器技术状况,如果车身不平先调好,同时检查转向系统和悬架是否松旷,如松旷应先紧固或更换零件。

⑥ 降下二次举升。

⑦ 接入 220V 电源,但不要开启四轮定位仪主机柜后面的面板开关。

⑧ 按正确步骤将传感器安装在被测车的四个车轮上,并调整好。

⑨ 二次举升车辆,使车轮离开一次举升平台 50mm 高度。

⑩ 松开驻车制动器,使前后轮转动自如。

⑪ 按仪器的提示操作,检测四轮定位情况。

⑫ 如果数值不正确,可按计算机屏幕的显示进行调整,并在调整后按上述方法重新检测。

 相关技能

一、准备活动

1. 准备设备

实训车一辆、常用维修工具、动平衡机、胎压表。

2. 学生分组

每 5 名学生为一小组,实训时,4 名学生负责检查诊断,1 名学生负责工作过程记录。

二、实施内容

行驶平顺性不良故障诊断。

1. 填写车辆基本信息

将车辆基本信息填写在表 2-6-2 中。

表 2-6-2　车辆基本信息

基本信息	车型		生产厂家	
	发动机型号		车身底盘号	
	出厂日期		行驶里程	
故障现象				

2. 进行基本检查

(1) 检查车辆发动机工作是否正常。

检查结果: _____。

(2) 若发动机工作正常,观察车辆加速和等速状态。

① 若加速时窜动或振动,检查前稳定杆卡座是否松动,若松动,则为前稳定杆卡座松旷或橡胶支撑损坏;若不松动,则检查钢板弹簧 U 形螺栓是否滑牙或松动;发动机横梁和下摆臂的固定螺栓或衬套是否松旷;转向横拉杆球头是否松旷;半轴内外万向节是否磨损松旷。

检查结果: _____。

② 若等速振动,检查轮胎气压是否过高。

检查结果：_____。

（3）若轮胎气压正常,检查车轮轴承是否松旷。

检查结果：_____。

（4）若车轮轴承无松旷,检查减振器或缓冲块是否失效。

检查结果：_____。

（5）若减振器或缓冲块正常,检查车轮动平衡是否超标,钢板弹簧支架衬套是否磨损松旷。

检查结果：_____。

三、故障排除结果验证

检查行驶平顺性不良故障现象是否消失。

检查结果：_____。

 知识与技能拓展

一、车轮、轮胎的使用与车轮定位的调整

轮胎是车轮总成的重要部件,必须采用上海大众汽车有限公司规定的轮胎,才能保证桑塔纳 2000 型轿车具有良好的路面附着性及行驶安全性。

拆装与更换轮胎时应注意以下事项。

（1）不能装用其他型号的轮胎,桑塔纳 2000 型轿车所用轮胎侧面压铸有"WARRIOR 195/60 R14 85H"标记,以供选用时识别。

（2）车轮及车轮螺栓是相互配对的,调换不同规格的车轮(如合金车轮或带冬季用轮胎的车轮),必须采用长度及锥度合适的螺栓。它影响车轮的紧固程度及制动系统的功能。

（3）应使所有的轮胎磨损均匀一致。较深的花纹使汽车行驶更为安全,尤其是在潮湿的路面上。

（4）基于安全原因,轮胎应成对调换,而不可单个调换,花纹深的轮胎应装在前轮。在装上新的无内胎轮胎时应同时装上新的橡胶气门。

（5）拆轮胎时,应用千斤顶将车身顶起,但必须将千斤顶顶在指定的位置上。

（6）轮胎与轮辋必须配套使用,拆装时需用轮胎拆装机,不允许对轮辋进行敲击,也

不能使用撬棒。

（7）新车上的车轮是经过动平衡的，但汽车行驶后很多因素会影响车轮的平衡性，从而影响汽车的操纵稳定性，并且加速轮胎磨损。所以修理过的或新的轮胎必须经过动平衡才能使用。车轮动态不平衡量应在规定的范围内。

二、车轮和轮胎的维护

车轮由轮毂、轮辋和连接两者的轮辐组成，车轮装上轮胎就成为车轮总成。

车轮和轮胎的种类很多。目前，乘用车大多采用铝合金车轮。低压轮胎由于弹性好、断面宽、与路面接触面大、壁薄且散热良好，在乘用车上得到了广泛应用。车轮和轮胎的结构如图 2-6-14 所示。

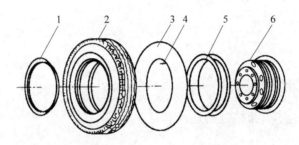

图 2-6-14　车轮和轮胎的结构

1—挡圈；2—外胎；3—内胎；4—气门嘴；5—垫带；6—轮辋

1．车轮和轮胎维护作业的主要内容

（1）检查轮辋及压条挡圈应无裂损、变形。

（2）检查车轮螺栓连接是否可靠。

（3）检查气门嘴、帽是否齐全。

（4）检查轮毂轴承间隙有无明显松旷。

（5）检查调整轮胎气压。

2．车轮和轮胎在使用中应注意的事项

（1）规格不同，甚至厂牌不同的轮胎不得同轴使用。

（2）选定的轮胎与轮辋应相配。

（3）使用中避免超载、紧急制动，合理分配各车轮的负荷。

（4）定期检查轮胎气压和外胎表面，清除铁钉、石块等异物。

（5）为使轮胎磨损均匀，延长使用寿命，一般每行驶 10000km 左右应进行一次轮胎换位，轮胎换位的方法如图 2-6-15 所示。图 2-6-15(a)、(b)为交叉换位，适用于普通斜交轮胎且经常在拱形路面上行驶的汽车，图 2-6-15(c)、(d)为循环换位，适用于子午线轮胎且经常在平坦路面上行驶的汽车。

注意：根据经常行驶的路面情况选择换位方法后，下次仍然要使用该种换位方法。翻新胎、有损伤或磨损严重的轮胎，不得用于转向桥。

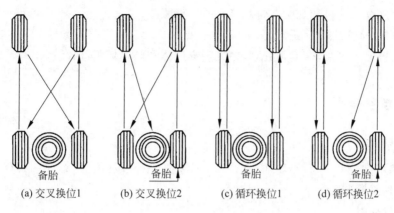

(a) 交叉换位1　　(b) 交叉换位2　　(c) 循环换位1　　(d) 循环换位2

图 2-6-15　轮胎换位的方法

诊断案例

一、故障现象

一辆桑塔纳轿车,在平直道路上行驶时隐约能听到车辆前部发出"咕咕"响声,急转弯时响声明显;当车辆在起伏不平的路面上行驶时,响声加剧,且车身连续振抖;随着车速提高,响声变得杂乱,降低车速后,响声仍不消失。

二、故障诊断

从故障现象看,可能是前轮减振器有故障。停车检查时,用力按压车辆前部,响声即出现,用力越大响声也越大,且感到无弹性,不柔和。同时,在减振器外部可看到漏油的痕迹,说明故障出在减振器上。

三、故障排除

更换前轮减振器,故障即排除。

四、故障点评

造成此故障的主要原因是车辆经常在恶劣路况下行驶,加之驾驶操作不当和行驶里程较长,致使减振器的密封件损坏漏油失效。

项目 2.7　ABS 的故障诊断

项目要求

(1) 能通过与客户交流、查阅相关维修技术资料等方式获取车辆信息。

（2）通过查阅资料和观摩,掌握 ABS 的故障原因。

（3）掌握 ABS 故障诊断方法。

（4）能根据环保要求,妥善处理辅料、废弃液体和已损坏零部件。

 项目载体

1. 故障案例

一辆桑塔纳 2000 GSi 型轿车,在雨后,ABS 故障警告灯闪亮,这说明 ABS 出现了故障,应该如何诊断呢?

2. 故障分析

制动系统发生故障时,应首先确定故障发生在常规制动系统还是 ABS 系统,为此可拔下 ABS 安全继电器(或电磁阀继电器),使汽车以普通制动模式工作,若故障现象消失,说明是 ABS 故障,否则就是常规制动系统故障。实践表明,使用的制动液符合标准时,制动压力调节器很少发生故障,即使发生故障也是线束损坏或接触不良;在正确使用和维修的前提下,ABS 计算机一般也很少发生故障;ABS 系统中故障发生频率较高的是轮速传感器和线束。要能够正确检修桑塔纳 2000 GSi 型轿车的 ABS 系统执行器及其电路,必须熟悉 ABS 的相关知识。

 项目链接

一、相关知识

1. ABS 的基本组成

ABS 能够防止车轮抱死,具有制动时方向稳定性好、制动时仍有转向能力、缩短制动距离等优点。桑塔纳 2000 GSi 型轿车采用的是美国 ITT 公司 MK20-Ⅰ 型 ABS,是三通道的 ABS 调节回路,前轮单独调节,后轮则以两轮中地面附着系数低的一侧为依据统一调节。ABS 主要由 ABS 控制器(包括电子控制单元、液压单元、液压泵等)、四个车轮转速传感器、ABS 故障警告灯、制动警告灯等组成,MK20-Ⅰ 型 ABS 的组成如图 2-7-1 所示。ABS 组件在车上的安装位置如图 2-7-2 所示。

ABS 的基本工作原理:汽车在制动过程中,车轮转速传感器不断把各个车轮的转速信号及时输送给 ABS 电子控制单元(ECU),ABS ECU 根据设定的控制逻辑对 4 个转速传感器输入的信号进行处理,计算汽车的参考车速、各车轮速度和减速度,确定各车轮的滑移率。如果某个车轮的滑移率超过设定值,ABS ECU 就发出指令控制液压控制单元,使该车轮制动轮缸中的制动压力减小;如果某个车轮的滑移率还没达到设定值,ABS ECU 就控制液压单元,使该车轮的制动压力增大;如果某个车轮的滑移率接近于设定值时,ABS ECU 就控制液压控制单元,使该车轮制动压力保持一定。从而使各个车轮的滑移率保持在理想的范围之内,防止 4 个车轮完全抱死。

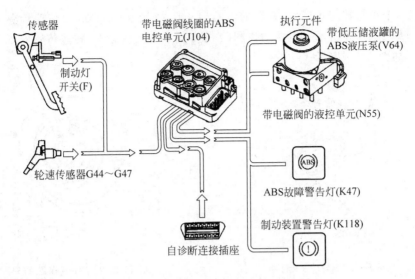

图 2-7-1　MK20-Ⅰ型 ABS 的组成

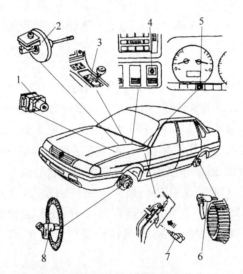

图 2-7-2　ABS 组件在车上的安装位置

1—ABS 控制器；2—制动主缸和真空助力器；3—自诊断插口；4—ABS 故障警告灯(K47)；
5—制动装置警告灯(K118)；6—后轮转速传感器(G44/G46)；7—制动灯开关(F)；8—前轮
转速传感器(G45/G47)

　　在制动过程中,如果车轮没有抱死趋势,ABS 将不参与制动压力控制,此时制动过程
与常规制动系统相同。如果 ABS 出现故障,电子控制单元将不再对液压单元进行控制,
并将仪表板上的 ABS 故障警告灯点亮,向驾驶员发出警告信号,此时 ABS 不起作用,制
动过程将与没有 ABS 的常规制动系统的工作相同。

2. ABS 主要部件结构与工作原理

(1) 车轮转速传感器

车轮转速传感器的作用是将车轮的转速信号传给 ABS 电子控制单元。MK20-Ⅰ型

ABS 共有 4 个车轮转速传感器,前轮的齿圈(43 齿)安装在传动轴上,转速传感器安装在转向节上,如图 2-7-3 所示。后轮的齿圈(43 齿)安装在后轮毂上,转速传感器则安装在固定支架上,如图 2-7-4 所示。

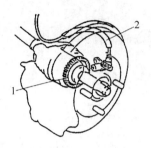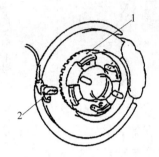

图 2-7-3　前车轮转速传感器(G45/G47)　　　图 2-7-4　后车轮转速传感器(G44/G46)
　　　　　　安装位置　　　　　　　　　　　　　　　　　安装位置
　　1—齿圈;2—前轮转速传感器　　　　　　　　1—齿圈;2—后轮转速传感器

(2) ABS 控制器

ABS 控制器由 ABS 电子控制单元(J104)、液压控制单元(N55)、液压泵(V64)等组成。

① 电子控制单元

电子控制单元是 ABS 的控制中心,又称为 ABS(ECU)计算机。主要任务是连续监测 4 个车轮转速传感器送来的脉冲信号,并进行测量比较、分析放大和判别处理,计算出车轮转速、车轮减速度以及制动滑移率,再进行逻辑比较分析 4 个车轮的制动情况。一旦判断出车轮将要抱死,立刻进入防抱死控制状态,通过电子控制单元向液压单元发出指令,以控制制动轮缸油路上电磁阀的通断和液压泵的工作来调节制动压力,防止车轮抱死。

ABS ECU 还不断地对自身工作进行监控。一旦 ABS 出现故障,如车轮速度信号消失,液压压力降低等,ABS ECU 就会发出指令而关闭 ABS,并使常规制动系统工作,同时将故障信息存储记忆,并将仪表板上的 ABS 故障警告灯点亮,向驾驶员发出警示信号,此时应及时检查修理。

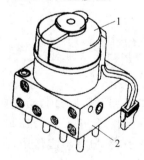

图 2-7-5　液压控制单元
　　　　　结构
1—带低压储液罐的电压液
压泵;2—液压单元

当点火开关接通时,ABS ECU 就开始进行自检程序,自检过程大约需要 2s。在正常情况下,当点火开关接通时,ABS 故障灯点亮 2s,然后再自动熄灭,是正常的。如果自检以后发现 ABS 存在影响其正常工作的故障,将关闭 ABS,恢复常规制动系统,仪表板上 ABS 故障警告灯一直点亮,警告驾驶员 ABS 存在故障。如果点火开关接通时,ABS 故障警告灯不亮,说明 ABS 故障灯或其线路存在故障,应对其进行检修。

② 液压控制单元和液压泵

液压控制单元装在制动主缸与制动轮缸之间,采用整体式结构,如图 2-7-5 所示。主要任务是转换执行 ABS ECU 的指令,自动调节制动器中的液压压力。

　　低压储液罐与电动液压泵合为一体装于液压控制单元上。低压储液罐的作用是暂时存储从轮缸中流出的制动液,以缓和制动液从制动轮缸中流出时产生的脉动。电动液压泵的作用是将在制动压力阶段流入低压储液罐中的制动液及时送至制动主缸,同时在施加压力阶段,从低压储液罐中吸取剩余制动液,泵入制动循环系统,给液压系统以压力支持,增加制动效能。电动液压泵的运转是由电子控制单元控制的。

　　液压控制单元(N55)阀体内包括8个电磁阀,每个回路各一对,其中一个是常开进油阀,一个是常闭出油阀。它在制动主缸、制动轮缸和回油路之间建立联系,实现压力升高、压力保持和压力降低的功能,防止车轮抱死,其工作原理如下。

　　a. 开始制动阶段(系统油压建立)。开始制动时,驾驶员踩制动踏板,制动压力由制动主缸产生,经常开的不带电压的进油阀作用到车轮制动轮缸上,此时,不带电压的出油阀依然关闭,ABS没有参与控制,整个过程和常规液压制动系统相同,制动压力不断上升,如图2-7-6所示。

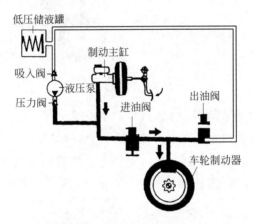

图 2-7-6　系统油压的建立

　　b. 油压保持。当驾驶员继续踩制动踏板,油压升高到车轮出现抱死趋势时,ABS电子控制单元发出指令使进油阀通电并关闭阀门,出油阀依然不带电压仍保持关闭,系统油压保持不变,如图2-7-7所示。

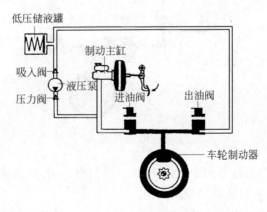

图 2-7-7　油压保持

c. 油压降低。若制动压力保持不变,车轮有抱死趋势时,ABS ECU 给出油阀通电打开出油阀,系统通过低压储液罐降低油压,此时进油阀继续通电保持关闭状态,有抱死趋势的车轮被释放,车轮转速开始上升。与此同时,电动液压泵开始起动,将制动液由低压储液罐送至制动主缸,如图 2-7-8 所示。

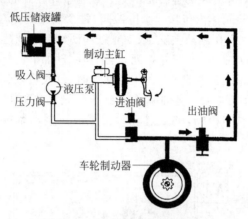

图 2-7-8 油压降低

d. 油压增加。为了使制动最优化,当车轮转速增加到一定值后,电子控制单元给出油阀断电,关闭此阀门,进油阀同样也不带电而打开,电动液压泵继续工作从低压储液罐中吸取制动液泵入液压制动系统,如图 2-7-9 所示。随着制动压力的增加,车轮转速又降低。这样反复循环地控制,工作频率为 5~6 次/s,将车轮的滑移率始终控制在 20% 左右。

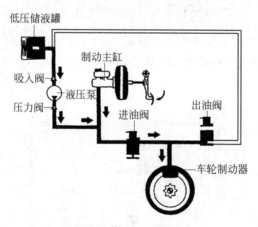

图 2-7-9 油压增加

如果 ABS 出现故障,进油阀始终常开,出油阀始终常闭,使常规液压制动系统继续工作而 ABS 不工作,直到 ABS 故障排除为止。

在普通制动模式和防抱死制动模式时各元件的工作过程见表 2-7-1。

表 2-7-1　ABS 各元件的工作过程

工作过程	进油阀	出油阀	液压泵	制动液流动方向
普通制动模式	打开	关闭	不工作	制动主缸直接进入轮缸
"减压"模式	关闭	打开	不工作	制动轮缸流回储液罐
"保持"模式	关闭	关闭	不工作	不流动
"增压"模式	打开	关闭	工作	来自制动主缸和液压泵的制动液进入轮缸

（3）故障警告灯

ABS 在仪表板及仪表板附加部件上装有两个故障警告灯，一个是 ABS 故障警告灯（K47），另一个是制动装置警告灯（K118）。

两个故障警告灯正常点亮的情况是：当点火开关打开起动至自检结束（大约 2s）；在拉紧驻车制动装置时制动装置警告灯（K118）点亮。如果上述情况灯不亮，说明故障警告灯本身或线路有故障。

如果 ABS 故障警告灯常亮，说明 ABS 出现故障；如果制动装置警告灯常亮，说明制动液缺乏。MK20-Ⅰ型 ABS 的电路如图 2-7-10 所示。

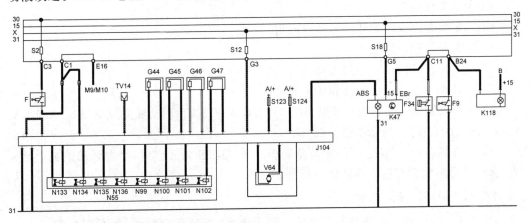

图 2-7-10　MK20-Ⅰ型 ABS 的电路

A—蓄电池；B—在仪表内+15；F—制动灯开关；F9—驻车制动指示灯开关；F34—制动液位报警信号开关；G44—右后轮速度传感器；G45—右前轮速度传感器；G46—左后轮速度传感器；G47—左前轮速度传感器；J104—ABS 及 EBV 的电子控制单元；K47—ABS 故障警告灯；K118—驻车制动、制动液位警告灯；M9—左制动灯；M10—右制动灯；N55—ABS 及 EBV 的液压单元；N99—ABS 右前进油阀；N100—ABS 右前出油阀；N101—ABS 左前进油阀；N102—ABS 左前出油阀；N133—ABS 右后进油阀；N134—ABS 右后出油阀；N135—ABS 左后进油阀；N136—ABS 左后出油阀；S2、S18—保险丝（10A）；S12—保险丝（15A）；S123—液压泵保险丝（30A）；S124—电磁阀保险丝（30A）；TV14—诊断插口；V64—ABS 液压泵

二、故障检测与诊断

1. ABS 检修注意事项

（1）ABS 发生故障由 ABS 故障警告灯（K47）和制动装置警告灯（K118）指示。某些

故障只能在车速超过 20km/h 后才能被检测到。

(2) 虽然 ABS 故障警告灯(K47)和制动装置警告灯(K118)不亮,但制动效果仍不理想,则可能是系统放气不干净或在常规的制动系统中存在故障。

(3) 对 ABS 修理前,为了检查故障所在,应先用 V.A.G1552 故障诊断仪查询故障码。

(4) 拔 ABS 电气插头之前,必须关闭点火开关。

(5) 开始修理前,应关闭点火开关,从蓄电池上拆下接地线。

(6) 防抱死制动系统工作介质必须绝对清洁,坚决不能使用含矿物油的物质,例如机油或油脂。

(7) 拆卸前必须彻底清洁连接点和支承面,坚决不能使用像燃油、稀释剂等类似的清洁剂。

(8) 拆下的零件必须放在干净的地方,并且覆盖好。

(9) 把 ABS ECU 和液压控制单元分开后,必须把液压控制单元放在专用支架上以免在搬运中碰坏阀体。

(10) 拆下的元件如果不能立刻完成修理工作,必须小心盖好或者用塞子封闭。

(11) 不要使用起毛的抹布。

(12) 配件要在安装前才从包装内取出。

(13) 必须使用原装配件。

(14) 系统打开后不要使用压缩空气,也不要移动车辆。

(15) 注意不要让制动液流到线束插头内。

(16) 打开制动系统完成作业后,用专用工具 VW1238A 制动液充放机与 V.A.G1552 故障诊断仪配合使用,对系统进行放气。

(17) 在试车中,至少进行一次紧急制动。当 ABS 正常工作时,会在制动踏板上感到有反弹,并可感觉到车速迅速降低而且平稳。

2. ABS 故障诊断的基本方法

当 ABS 出现故障时,诊断与排除的一般步骤是:听取用户反映、目测检查、警报灯检查、路试、对间歇性故障进行诊断、根据故障码诊断、清除故障码。

(1) 听取用户反映

根据用户反映可知道 ABS 是否真的存在故障,在什么情况下、什么时候发生故障,诊断应该首先从哪里开始,特别是用户的有些反映可能属于正常的工作情况。

(2) 目测检查

目测检查可以确定是否存在使 ABS 产生故障的明显原因,一般应从以下几个方面进行检查。

① 检查储液器是否液面过低、液压装置是否外部泄漏和制动主缸工作是否正常,若发现问题可按需要添加制动液,确定制动液损失的原因并修理,并将各元件安装到正确的位置。

② 检查驻车制动器是否完全放松和开关功能是否正常,视具体情况进行维修或调整。

③ 检查熔丝是否熔断,排除熔丝烧坏的原因,并更换熔丝。

④ 检查导线及连接器是否有破损或连接器松动现象,并按需要修理和接好各连接器。

(3) 警报灯检查

仪表板上的两个警报灯分别指示系统中不同部件的问题,"BRAKE"警报灯一直亮,表示普通制动系统故障,"ABS"或"Anti-lock"警报灯一直亮表示 ABS 故障。正常情况下,ABS 警报灯应在点火开关接通 3～4s 后熄灭。

(4) 路试

进行路试时,应首先检查制动踏板感觉是否适宜,同时应分清 ABS 工作和不工作时的区别,在 ABS 不工作时主要检查普通制动系统是否正常。测试 ABS 工作是否正常,应至少在 40km/h 的初始速度下紧急制动,若可以感觉到制动踏板有轻微的颤动,轮胎抱死的时间少于 15s,轮胎与地面基本无拖痕,说明 ABS 工作正常。否则,说明系统存在故障,ABS 不起作用。

(5) 间歇性故障诊断

大多数间歇性故障都是由连接器和导线连接不良引起的,出现间歇性故障应首先从以下几个方面进行检查。

① 连接器接触不良或松动。

② 接线端子安装有不当之处,或接线端子损坏。

③ 导线局部破损。

④ 轮速传感器线路输出信号低或间歇输出。

⑤ 制动液面传感器线路故障或液面低。

⑥ 电源继电器、线路、线圈或触点不良。

⑦ 充电系统的电压低也有可能导致 ABS 警报灯间歇性亮。

(6) 根据故障码进行故障诊断

当 ABS 计算机监测到 ABS 的输入或输出有故障时,将产生两位数的代码,储存在存储器里,同时点亮 ABS 故障警告灯。为了排除 ABS 的故障,应读取故障码,根据故障码查维修手册即可知道发生故障的具体部位。读取故障码通常有三种方法。

① 利用特定指示灯的闪烁来闪现故障码。在利用特定指示灯的闪烁来闪现故障码时,一般是通过 ABS 计算机诊断起动端搭铁的方法来实现。

② 利用专用检测仪器直接读取串行数据和故障码。

③ 利用控制面板及信息显示中心显示故障码。

(7) 清除故障码

利用专用检测仪直接清除故障码。

3. ABS 有故障码故障的检查与诊断

MK20-Ⅰ型 ABS 的故障码、故障原因及故障排除方法见表 2-7-2。

表 2-7-2　MK20-Ⅰ型 ABS 的故障码、故障原因及故障排除方法

故障码	故障原因	故障排除
无故障	如果在维修完毕后,用 V.A.G1552 查询故障后未发现故障,自诊断结束。 如果屏幕中显示"未发现故障",但 ABS 不能正常工作,则按以下步骤操作。 (1) 以大于 20km/h 的车速,进行紧急制动试车。 (2) 重新用 V.A.G1552 查询故障,仍无故障显示。 (3) 在无自诊断的情况下着手寻找故障,全面进行电气检查	
65535	电子控制单元故障	更换电子控制单元
01276	ABS 液压泵 V64 与 ABS 连接线路对正极、对地短路及开路或液压泵故障	检查线路 03 功能最终控制诊断
00283	左前轮转速传感器(G47)触点开路或松动 左前轮转速传感器电路短路 转速传感器和齿圈的间隙超差(信号不正常)	检查转速传感器与控制单元的线路和连接插头 检查转速传感器和齿圈的安装间隙 08 功能"读取测量数据块"
00285	右前轮转速传感器(G45)触点开路或松动 左前轮转速传感器电路短路 转速传感器和齿圈的间隙超差(信号不正常)	检查转速传感器与控制单元的线路和连接插头 检查转速传感器和齿圈的安装间隙 08 功能"读取测量数据块"
00287	右后轮转速传感器触点开路或松动 左前轮转速传感器电路短路 转速传感器和齿圈的间隙超差(信号不正常)	检查转速传感器与控制单元的线路和连接插头 检查转速传感器和齿圈的安装间隙 08 功能"读取测量数据块"
00290	左后轮转速传感器触点开路或松动 左前轮转速传感器电路短路 转速传感器和齿圈的间隙超差(信号不正常)	检查转速传感器与控制单元的线路和连接插头 检查转速传感器和齿圈的安装间隙 08 功能"读取测量数据块"
01044	ABS 编码错误(ABS 25 针插头触点 6 和 22)	检查插头线束的线路
00668	供电端子 30 号线路、连接插头、保险丝故障	检查控制单元供电线路、保险丝和连接插头
01130	ABS 工作信号超差,可能有外界干涉信号源的电气干涉(高频发射,例如非绝缘的点火电缆线)	检查所有线路连接对正极或对地的短路 清除故障存储 车速大于 20km/h 的紧急制动试车 再次查询故障码

(1) 故障码 01276 的诊断

当车速超过 20km/h 时,ABS ECU 监控到电动机不能正常工作,就会记录此故障码,可能故障原因有电源供应短路或搭铁、电动机线束松脱、电动机损坏等。故障码 01276 的诊断流程如图 2-7-11 所示。

(2) 故障码 00283、00285、00287、00290 的诊断

在故障诊断时,若读取出 00283、00285、00287、00290 故障码,说明 ABS 存在与轮速传感器有关的故障,可能原因是传感器或齿圈漏装、传感器线圈或线束短路或断路、传感头与齿圈间隙过大、传感器线束连接器接触不良、车轮轴承间隙过大、ABS 计算机有故障等。故障码 00283、00285、00287、00290 的诊断流程如图 2-7-12 所示。

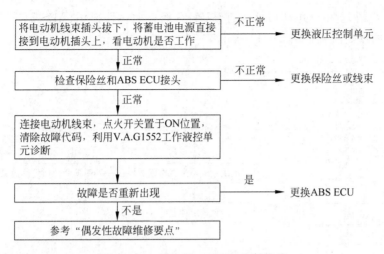

图 2-7-11 故障码 01276 的诊断流程

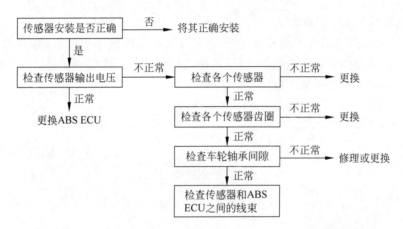

图 2-7-12 故障码 00283、00285、00287、00290 的诊断流程

（3）故障码 01044 的诊断

当 ECU 的软件编号与 ABS 线束的硬件跳针连接不一致时，即出现此故障码。可能的故障原因是在 ABS 线束内跳针连接错误和 ABS ECU 编码错误。故障码 01044 的诊断流程如图 2-7-13 所示。

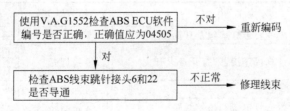

图 2-7-13 故障码 01044 的诊断流程

（4）故障码 00668 的诊断

当供电端子 30 未提供电压或电压过高时，即出现此故障码。可能的故障原因有

ABS 保险丝烧断、蓄电池电压过低或过高、ABS 线束插接件损坏、ABS ECU 损坏等。故障码00668 的诊断流程如图 2-7-14 所示。

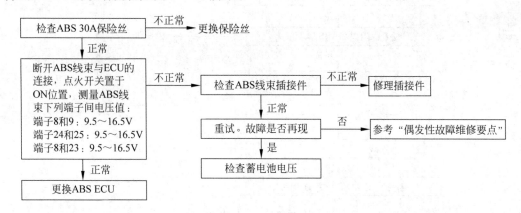

图 2-7-14　故障码 00668 的诊断流程

（5）故障码 01130 的诊断

当 ABS 受高频电磁波干扰或微处理器认为输入车速信号不可信时，即出现此故障码。可能的故障原因有高频电磁波干扰、传感器损坏或传感器线束损坏、ABS ECU 损坏等。故障码 01130 的诊断流程如图 2-7-15 所示。

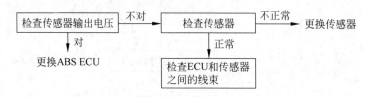

图 2-7-15　故障码 01130 的诊断流程

4. ABS 无故障码故障的诊断

（1）点火开关在 ON 位置（发动机熄火），而 ABS 故障警告灯不亮

ABS 故障警告灯不亮，可能是警告灯电源回路开路，灯泡烧坏或警告灯控制器损坏。可按表 2-7-3 进行诊断。

表 2-7-3　ABS 故障警告灯不亮故障的诊断

步骤	检 查 内 容	检查结果	排 除 方 法
1	检查 ABS 故障警告灯熔丝及其插座	不正常	更换或修理
2	拆开 ABS 计算机连接器，打开点火开关	警报灯亮	更换警告灯控制器与计算机间线束
3	检查 ABS 警告灯	灯泡烧坏	更换
4	检查 ABS 警告灯电源和搭铁线路	线路断路	更换线束
5	检查 ABS 警告灯电源和搭铁线路连接器	不正常	修理或更换
6	检查故障现象是否重现	故障重现	更换警告灯控制器
		故障不重现	按间歇性故障诊断

（2）发动机起动后，ABS故障警告灯常亮

出现此现象而无故障码，可能是ABS故障警告灯控制器损坏、控制器电路断路或计算机故障，可按表2-7-4进行诊断。

表2-7-4 ABS故障警告灯常亮故障的诊断

步骤	检 查 内 容	检查结果	排 除 方 法
1	检查ABS故障警告灯控制器与计算机间电路是否断路	断路	更换线束
2	检查ABS故障警告灯控制器	不正常	更换控制器
		正常	更换ABS计算机

（3）ABS工作异常

ABS工作不正常与驾驶状况、路面条件及ABS各元件均有密切关系，若出现此故障现象而无故障码，可按表2-7-5进行诊断。

表2-7-5 ABS工作异常故障的诊断

步骤	检 查 内 容	检查结果	排 除 方 法
1	检查轮速传感器安装是否正确	不正确	重新正确安装
2	检查轮速传感器的输出电压	正常	更换ABS计算机
3	检查轮速传感器和线束连接器	不正常	修理或更换
4	检查轮速传感器齿圈	不正常	更换
5	检查车轮轴承间隙	不正常	修理或更换
6	检查ABS计算机连接器及中间连接器	不正常	修理或更换
7	检查故障现象是否重现	不重现	按间歇性故障诊断
8	拆下ABS计算机，检查ABS线束相应端子轮速传感器电阻（检查时同时摇动线束及连接器）	电阻正常	更换ABS计算机
		电阻不正常	修理或更换线束及连接器

（4）制动踏板行程过长

导致制动踏板行程过长的原因可能是制动液泄漏、出油阀密封不良、液压系统有空气、制动盘磨损严重、驻车制动调整不当等，可按表2-7-6进行诊断。

表2-7-6 制动踏板行程过长故障的诊断

步骤	检 查 内 容	检查结果	排 除 方 法
1	目视检查液压管路接头处有无泄漏	有泄漏	拧紧管接头
2	检查制动盘磨损情况	不正常	更换制动盘
3	检查驻车制动调节装置	不正常	更换
4	对制动系统进行排气检查	有空气排出	重新排气
5	用V.A.G1552故障诊断仪检查制动压力调节器中出油阀的密封性	密封不良	更换调节器

（5）踩制动踏板费力

在制动时，若感觉踩制动踏板非常吃力，一般是真空助力器工作不良或制动压力调节

器中进油阀不能打开所致,可按表 2-7-7 进行诊断。

表 2-7-7　踩制动踏板费力故障的诊断

步骤	检 查 内 容	检查结果	排 除 方 法
1	用 V. A. G1552 故障诊断仪检查制动压力调节器中的进油阀	不正常	更换调节器
2	检查真空助力器及制动踏板行程	不正常	按普通制动系统故障维修

（6）不能与诊断仪通信

在对 ABS 进行检查或诊断时,车辆无法与 V. A. G1552 故障诊断仪通信,可能是 ABS 计算机电源或诊断线路短路所致,可按表 2-7-8 进行诊断。

表 2-7-8　车辆无法与诊断仪通信故障的诊断

步骤	检 查 内 容	检查结果	排 除 方 法
1	将诊断仪与其他车接口通信试验	无法通信	维修诊断仪
2	检查 ABS 电源熔丝	熔断	更换
3	诊断仪屏幕有无显示	无显示	修理诊断连接器及其线束
4	拆下计算机连接器,检查线束中计算机接线端子 13 与诊断连接器端子 7 是否导通	不导通	修理诊断连接器或 ABS 线束
		导通	更换 ABS 计算机

 相关技能

一、准备活动

1. 准备设备

实训车一辆、故障诊断仪、常用维修工具。

2. 学生分组

每 5 名学生为一小组,实训时,4 名学生负责检查诊断,1 名学生负责工作过程记录。

二、实施内容

1. 填写车辆基本信息

将车辆基本信息填写在表 2-7-9 中。

表 2-7-9　车辆基本信息

基本信息	车型		生产厂家	
	发动机型号		车身底盘号	
	出厂日期		行驶里程	
故障现象				

2. 进行基本检查

（1）根据故障码诊断、排除故障

① 故障码00283、00285、00287、00290。

在故障诊断时，若读取出00283、00285、00287、00290故障码，说明ABS存在与轮速传感器有关的故障，可能原因是传感器或齿圈漏装、传感器线圈或线束短路或断路、传感头与齿圈间隙过大、传感器线束连接器接触不良、车轮轴承间隙过大、ABS计算机有故障等。

检查结果：＿＿＿＿＿＿＿＿＿＿＿＿＿＿＿＿＿＿＿＿＿＿＿＿＿＿＿。

② 故障码00668。

出现00668故障码，说明供电端子30未提供电压或电压过低，可能原因有ABS保险丝熔断、蓄电池电压过高或过低、ABS线束连接器损坏、计算机故障等。

检查结果：＿＿＿＿＿＿＿＿＿＿＿＿＿＿＿＿＿＿＿＿＿＿＿＿＿＿＿。

③ 故障码01044。

当ABS计算机软件编码与ABS线束的硬件跳针连接不一致时即会出现01044故障码。

检查结果：＿＿＿＿＿＿＿＿＿＿＿＿＿＿＿＿＿＿＿＿＿＿＿＿＿＿＿。

④ 故障码01130。

当ABS受高频电磁波干扰或计算机认为车速信号不正确时，即会出现01130故障码，或者当车速在20km/h以上时，若ABS计算机监测到液压泵电动机不工作也会出现此故障码。可能原因有供电不足、液压泵电动机连接不良、电动机损坏、ABS计算机故障等。

检查结果：＿＿＿＿＿＿＿＿＿＿＿＿＿＿＿＿＿＿＿＿＿＿＿＿＿＿＿。

（2）根据故障现象诊断、排除故障

有些故障ABS计算机无法检测到，即ABS工作不正常，但调不出故障码。在此情况下，只能根据故障现象进行诊断。

① 发动机熄火状态下，打开点火开关，ABS故障警告灯不亮。出现此种故障现象，可能是警报灯电源电路断路、灯泡烧坏或警报灯控制器损坏。

检查结果：＿＿＿＿＿＿＿＿＿＿＿＿＿＿＿＿＿＿＿＿＿＿＿＿＿＿＿。

② 发动机起动后，ABS故障警告灯常亮。

出现此现象而无故障码，可能是ABS故障警告灯控制器损坏、控制器电路断路或计算机故障。

检查结果：＿＿＿＿＿＿＿＿＿＿＿＿＿＿＿＿＿＿＿＿＿＿＿＿＿＿＿。

③ ABS 工作异常。

ABS 工作不正常与驾驶状况、路面条件及 ABS 各元件均有密切关系。

检查结果： _____ 。

④ 制动踏板行程过长。

导致制动踏板行程过长的原因可能是制动液泄漏、出油阀密封不良、液压系统有空气、制动盘磨损严重、驻车制动调整不当等。

检查结果： _____ 。

⑤ 踩制动踏板费力。

在制动时，若感觉踩制动踏板非常吃力，一般是真空助力器工作不良或制动压力调节器中进油阀不能打开所致。

检查结果： _____ 。

三、故障排除结果验证

检查 ABS 故障是否消失。

故障排除验证结果： _____ 。

 知识与技能拓展

检测诊断是建立在对 ABS 的结构原理和组成有清晰的了解基础上，检测时注意事项有如下几点。

（1）ABS 是在常规制动系统基础上建立和发展的，一旦常规制动系统出现问题，ABS 就不能正常工作，因此一般要先进行常规制动系统的检查，在常规制动系统正常工作之后，再对 ABS 相关的传感器、电控单元和制动压力调节器进行检测。

（2）检修有蓄压器的 ABS 液压控制装置，特别是进行器件拆装时，一定事先泄放掉蓄压器内的高压，然后再按规定进行检测和修理。蓄压器内的压力很高，操作失误液体会喷出伤人。

（3）检测车轮速度传感器时要避免损坏，注意不要碰伤传感器头，不要以传感器齿圈做支点撬传感器头，如果传感器的气隙可调，调整时应使用非磁性塞规，如塑料或铜塞规，也可使用相应厚度的纸片。

（4）制动液要至少每隔两年更换一次，这是因为 DOT3 乙二醇型制动液的吸湿性很强，含水分的制动液不仅使制动系统内部产生腐蚀，而且会降低沸点，还会造成制动效能衰退。

（5）车速传感器、液压调节器和电气系统要保持清洁，不要让污物、灰尘进入液压控制装置、电控单元和导线上。

诊断案例

一、故障现象

桑塔纳 2000 GSi 型轿车 ABS 一直工作正常,但当行驶到 6000km 时,ABS 故障指示灯常亮不熄灭。

二、故障诊断

正常情况下,点火开关打开时,ABS 故障指示灯将进行自检,若系统无故障,3s 后,故障指示灯将熄灭;若系统有故障,故障指示灯将常亮,起动发动机后故障灯也常亮。

ABS 故障指示灯常亮的原因有:蓄电池电压过低或保险丝熔断,ABS 导线断线、插头松动或插接不牢固,轮速传感器工作不良,液压调节装置工作不良,电控装置工作不良。液压调节装置和电控装置是 ABS 的核心元件,该车行驶仅 6000km,一般不会发生故障,还是从常规开始检查。检查蓄电池电压为 12V,正常。检查 ABS 保险丝、连接导线,正常。检查各插接头、继电器,连接牢固。检查轮速传感器时,发现传感器头部吸有很多铁屑和脏物。

三、故障排除

将传感器头部铁屑和脏物擦干净后,装复,ABS 故障指示灯正常,故障排除。

四、故障点评

带有 ABS 的车辆,包括进口车,轮速传感器头部有磁力,很容易吸附铁屑或灰尘等脏物,当 ABS 故障指示灯亮时,要首先检查这一部位。有时更换制动片后,忘记紧固或装复间隙有误时,也会出现此类故障。

模块  汽车综合故障诊断

项目3.1 汽油机不能起动或起动困难的故障诊断

 项目要求

（1）能通过与客户交流、查阅相关维修技术资料等方式获取车辆信息。

（2）通过查阅资料和观摩，掌握不能起动或起动困难故障原因。

（3）掌握不能起动或起动困难故障诊断流程。

（4）能根据环保要求，妥善处理辅料、废弃液体和已损坏零部件。

 项目载体

1. 故障案例

一辆桑塔纳轿车，在倒车进库时，发动机出现几下抖动后自动熄火，熄火后发动机再也无法起动。

汽车发动机的起动故障一般表现为不能起动（无初始燃烧）和起动困难，其中起动困难又分为冷起动困难和热起动困难。起动故障牵涉多个系统，是发动机综合性故障之一。

2. 故障分析

造成汽车发动机不能起动的原因很多，牵涉电源系统、起动系统、点火系统、燃油和空气供给系统以及发动机机械系统的技术状态，这也是汽车最常见的故障。汽车发动机的起动故障，主要从以下两方面进行分析。

（1）发动机的基本运行条件是否满足

首先，我们来分析汽车发动机能够正常运转必须具备的几个条件。

① 汽缸要有良好的压缩。

② 数量和浓度均合适的混合气。

③ 足够的火花能量和正确的点火时刻。

④ 起动系统技术状态良好。

⑤ 蓄电池电压大于 12V。

如果以上五个要素中有一个要素出现异常，便会出现发动机不能起动或起动困难。

（2）电控发动机控制模块应能准确识别出起动状态，进而进行起动控制

由于起动工况的特殊性，使得控制系统必须有对应的控制程序来进行起动控制。在起动时，发动机控制模块（ECM）首先要根据点火开关、空挡起动开关、曲轴位置以及转速等信号，辨别出发动机正处于起动状态，然后再结合冷却液温度（水温）、曲轴转速、节气门位置等信号计算出喷油时间、点火时刻、起动空气流量等控制值，去驱动喷油器、点火器和怠速控制执行机构，以实现顺利起动。

如 ECM 没能识别出起动状态，则发动机不能起动；如仅仅是水温、转速等信号失准，一般只会造成起动困难。

 项目链接

一、相关知识

1. 电控发动机

电控燃油喷射系统由空气供给系统、燃油供给系统和控制系统组成，桑塔纳 2000 GSi 型轿车的 AJR 型发动机采用了德国博世公司的 Motronic 3.8.2 电控燃油喷射系统。Motronic 3.8.2 电控燃油喷射系统示意图如图 3-1-1 所示，其组件的布置如图 3-1-2 所示。

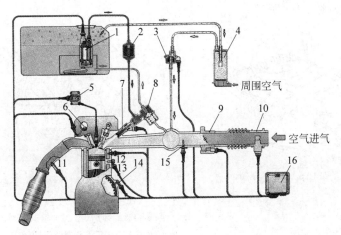

图 3-1-1　Motronic 3.8.2 电控燃油喷射系统示意图

1—电动燃油泵；2—燃油滤清器；3—碳罐清洗电磁阀；4—碳罐；5—带输出驱动极的点火线圈组件；6—凸轮轴位置传感器；7—喷油器；8—油轨和压力调节器；9—节气门体；10—空气流量计；11—氧传感器；12—冷却液温度传感器；13—爆燃传感器；14—曲轴转速传感器；15—进气温度传感器；16—ECU

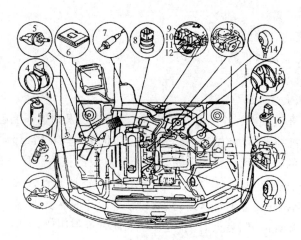

图 3-1-2　Motronic 3.8.2 电控燃油喷射系统和点火系统位置

1—霍尔传感器(G40)；2—喷油器(N30～N33)；3—碳罐；4—热膜式空气流量计(G70)；5—碳罐电磁
阀(N80)；6—ECU(J220)；7—氧传感器(G39)；8—水温传感器(G62)；9—转速传感器插接器(灰
色)；10—1号爆震传感器插接器(白色)；11—氧传感器插接器(黑色)；12—2号爆震传感器插接器
(黑色)；13—节气门控制组件(J338)；14—2号爆震传感器(G66)；15—转速传感器(G28)；16—进气
温度传感器(G72)；17—点火线圈(N152)；18—1号爆震传感器(G61)

　　Motronic 电控燃油喷射系统(以下简称 M3.8.2 系统)采用热膜式空气流量计检测
发动机进气流量,可直接反映发动机负荷。AJR 型发动机的曲轴上装有 1 个 60 齿的信
号触发轮,用于产生曲轴转角信号。M3.8.2 系统能依据进气流量信号和曲轴转角信号
准确地控制发动机混合气空燃比和点火时间,从而极大地降低汽车排气污染。

　　M3.8.2 系统采用了燃油蒸气控制回收系统(AKF 系统),碳罐电磁阀线束插接器的
位置如图 3-1-3 所示。AJR 型发动机上装有两个爆震传感器,使 ECU 能更有效地识别各
个汽缸的爆震燃烧,迅速调整点火时间,保护发动机免受劣质燃油引起的强烈爆震的损
害。采用两个点火线圈,即使用了双火花点火系统。转速传感器、1 号爆震传感器、氧传
感器安装位置如图 3-1-4 所示。

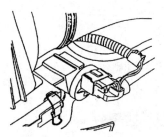

图 3-1-3　碳罐电磁阀线束插接器

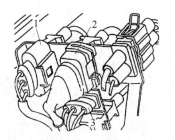

图 3-1-4　转速传感器、1 号爆震传感器、氧传
感器安装位置

1—转速传感器插头(灰色)；2—1 号爆震传感器
插头(白色)；3—氧传感器插头(黑色)

　　空气经过空气滤清器滤清后,经节气门体进入进气总管,并由歧管分配给各缸。进气
量传感器装在进气管路上,用于检测进气量的多少,并将它以电信号的形式输送至发动机

控制模块 ECU。

电控发动机的控制系统由控制中心 ECU 和大量的传感器和执行器组成。这些传感器用来监测发动机的工况和反馈控制结果,而执行器则用来执行 ECU 的控制指令。换言之,在发动机工作时,控制模块 ECU 根据各传感器传送过来的发动机工况信息,计算出最佳的控制值,来指挥喷油器、点火器、怠速机构等执行器产生动作,以使发动机工作在最佳状态下。

M3.8.2 系统电路如图 3-1-5 所示。

2. 燃油系统的元件

(1) 电动燃油泵

电动燃油泵的功能是用来提供具有一定压力的燃油。电动燃油泵有多种类型,但无论是哪种类型,其结构上都具有防止燃油倒流的出油单向阀(止回阀)。如果此阀密封不良,将会造成油路系统残余油压下降过快,发动机的热起动性能下降。在诊断维修时应加以考虑。

对于电动燃油泵的控制,只有在发动机运转时,油泵才工作。若发动机没有转动,即使点火开关处于接通状态,出于安全考虑也不要让油泵长期工作。通常只有在点火开关由 OFF 转到 ON 位置时,发动机控制模块 ECM 会接通油泵电路 2～3s,如果没有再接收到转速信号,油泵电路将被切断。有的发动机为了降低功率消耗和延长燃油泵的使用寿命,还根据发动机的负荷和转速等情况对燃油泵的转速进行控制。

在对燃油泵进行检查时,要考虑以下两个方面。

① 电器性能:燃油泵的电阻、外部控制电路。

② 机械性能:泵油流量、机械磨损(有振动噪声)、出油单向阀的密封性。

(2) 燃油压力调节器

燃油压力调节器的功能是将燃油系统中的压力调节到规定的值或规定的范围,多为利用进气歧管的真空度来调节。当系统内的压力过高时,它负责使过多的燃油流回油箱。

(3) 喷油器

从检测维修的角度来讲,喷油器有高阻值型和低阻值型之分。高阻值型喷油器电磁线圈的阻值通常为 $12\sim17\Omega$,在作故障诊断时可以直接连接到 12V 电源上。而低阻值型喷油器电磁线圈的阻值通常只有 $2\sim3\Omega$,在连接到 12V 电源时,必须串联一个限流电阻,以防止烧坏喷油器。

除常见的电气故障外,喷油器脏堵和泄漏也经常发生。

喷油器的脏堵故障会造成循环喷油量明显减少。由于我国的燃油品质不是很高,所以应定期清洗和更换喷油器。如果燃油系统装有冷起动喷油器,应确保它与主喷油器一起得到清洗。常用随车清洗器或超声波清洗仪对喷油器进行清洗。如果没有上述仪器设备,也可以给喷油器接 12V 电源(注意通电电流不可过大),同时用压力为 0.3MPa 的清洁高压空气逆向吹喷油器来完成清洗工作。

喷油器的泄漏故障会造成混合气过浓,导致发动机出现诸如起动困难、怠速不稳、动力不足、排气冒黑烟等一系列故障症状。出现泄漏的喷油器,必须更换。

此外,作故障诊断时还要测试喷油器的喷射锥角(雾化情况)和在一定时间内的喷油量。

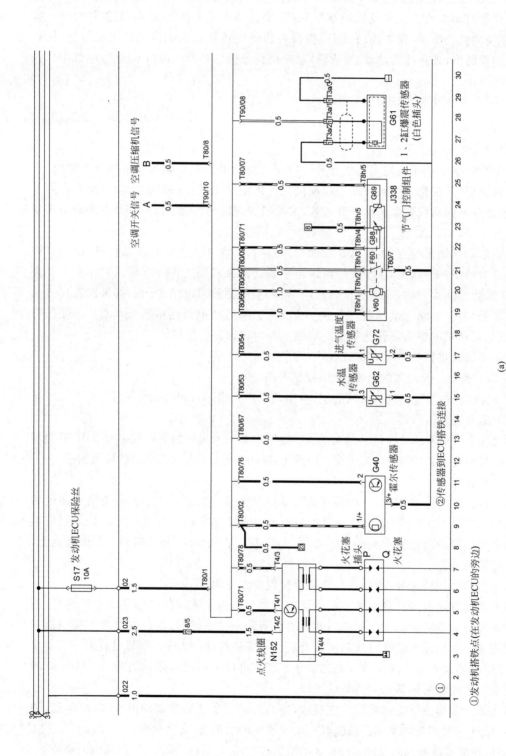

图 3-1-5　M3.8.2 系统电路图

(a)

V60—节气门定位器；G88—节气门定位电位计；F60—怠速开关；G69—节气门电位计

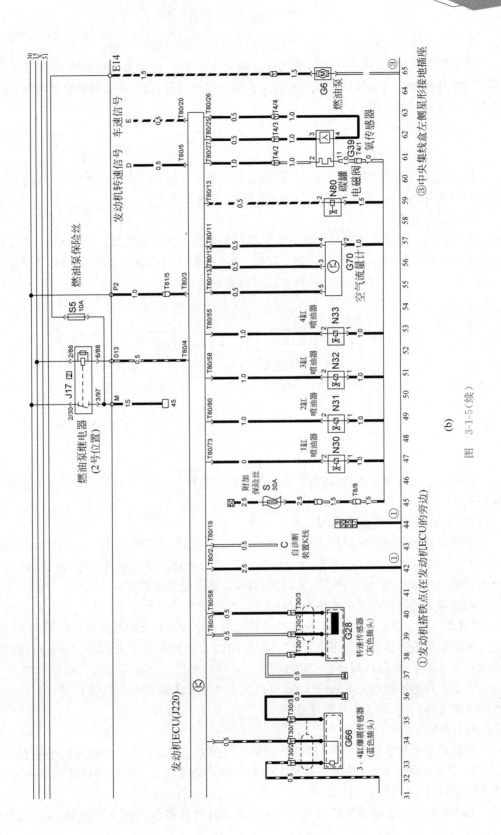

图 3-1-5(续)

(b)

3. 进、排气系统的元件

电控发动机的进、排气系统可能包含诸如废气再循环、油箱蒸发排放控制、增压、三元催化转换器以及二次空气喷射等装置和电控可变配气机构,而这些装置脏堵或泄漏,也会引起发动机的起动故障。

4. 电子控制部分的元件

(1) 发动机控制模块 ECU

ECU 是电控系统的控制中枢,负责收集和处理各输入、输出信号,并计算出控制值去驱动执行元件。ECU 是高可靠性的电子元件,故障率极低。

(2) 起动信号

起动信号主要用于冷起动加浓。起动信号一般取自起动机电源(在配置自动变速器的车辆上,它还受空挡起动开关控制),如图 3-1-6 所示。当起动开关接通时,ECU 检测到起动信号后,认为发动机处于起动状态而增加喷油量。

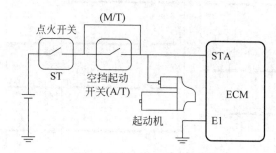

图 3-1-6　起动信号电路

有些发动机管理系统中,取消了专用的起动信号线,由 ECU 根据点火开关和曲轴转速信号确定起动状态。

(3) 曲轴位置与转速传感器

曲轴位置与转速传感器用来检测曲轴的位置和转速,其信号作为 ECU 对喷油控制、点火控制、怠速控制和 EGR 控制的主要控制依据。曲轴位置与转速传感器通常安装在分电器轴或曲轴上,主要有磁感应式、霍尔效应式以及光电式等。

磁感应式传感器利用电磁感应现象工作,输出交变的脉冲信号。在检查这类传感器时,不仅要测量电磁线圈的阻值,还应检查传感器间隙以及有无触发轮齿损伤等。

霍尔效应式传感器是利用霍尔效应原理工作的,输出矩形方波信号。这类传感器需要加电后才能工作,在故障诊断时需注意。

光电式传感器利用光电效应工作,输出的也是矩形方波信号。这类传感器也是在加电后才能工作,在故障诊断时需注意。

(4) 凸轮轴位置传感器

凸轮轴位置传感器向 ECM 提供凸轮轴位置信息,可用作点火控制和顺序喷射控制的判缸(汽缸判别)信号。它通常安装在分电器轴或凸轮轴上。根据结构原理的不同,它也有磁感应式、光电式和霍尔式等。

如果凸轮轴位置传感器的信号和曲轴位置与转速传感器的信号不同步,也可能会出现起动困难甚至不能起动的现象。

（5）空气流量信号或进气管绝对压力信号

发动机起动时,空气流量信号或进气管绝对压力信号不被响应,因此它们通常与起动故障无关。

（6）冷却液温度传感器

冷却液温度传感器用来检测冷却液的温度,作为 ECU 判别发动机热状态的依据,通常安装在发动机冷却液通路上。多数汽车上的冷却液温度传感器采用负温度系数的热敏电阻,其特性为水温越高,电阻的阻值越小。冷却液温度传感器的结构、特性曲线以及与 ECU 的连接电路如图 3-1-7 所示。

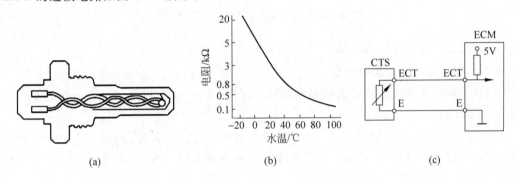

图 3-1-7 冷却液温度传感器的结构、输出特性与电路连接

冷却液温度传感器与 ECM 中的电阻串联。当水温下降时,热敏电阻的阻值变大,ECT 端信号电压上升。ECM 根据这个信号,控制喷油器增加喷油量以加浓混合气。

早期的发动机管理系统在冷却液温度传感器出现故障时,以 20℃ 作为应急控制温度。因此,该传感器出现故障时,冷起动正常而热起动困难,发动机起动暖机后排气冒黑烟。现代的发动机管理系统则以 80℃ 作为应急控制温度,因此该传感器出现故障时,热启动正常而冷起动困难。

（7）节气门位置传感器

节气门位置传感器提供节气门开度的信号。通常在起动时,节气门是关闭的,该传感器输出节气门关闭（或小开度）信号。而如果在起动时该传感器输出大的开度（或全开）信号,ECM 将会减少喷油时间甚至不喷油。在作故障诊断时,应注意这一点。

5.点火系统

计算机控制的点火系统由相关传感器、控制计算机、点火线圈、分电器、高压导线和火花塞等元件组成。ECM 根据相关传感器信息,确定通电时间和最佳点火时刻,并向点火执行元件（点火器或点火线圈）输出控制指令,接通或切断点火线圈的初级电路。当初级电路接通时,点火线圈开始充电;当初级电路断开时,在次级绕组中产生用来点火的高压电。计算机控制的点火系统工作原理简图如图 3-1-8 所示。

点火系统依靠凸轮轴位置和曲轴位置信号作为点火触发信号,其他传感器信号只作为修正点火正时信号。因此当点火系统没有火花时,要重点检查凸轮轴位置和曲轴位置两个传感器。

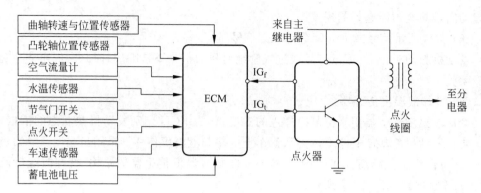

图 3-1-8　计算机控制的点火系统工作原理简图

6. 电控发动机的起动控制

（1）起动时喷射时间的控制

ECU 根据起动装置的开关信号或曲轴转速（如 400r/min 以下）信号，来判定发动机处于起动工况。

由于起动时的转速波动较大，进气量难以精确计量，所以，起动时 ECU 一般不根据进气量来计算喷射时间。起动时的燃油喷射时间主要取决于水温、起动时的转速以及起动时间等。一般情况下，起动喷油时间由冷却液温度决定，水温越低，喷射的时间越长。一旦超过起动终端转速（该速度取决于发动机的温度），就认为发动机已经起动了。

有时，ECM 还需要根据电源电压的高低，对起动时的燃油喷射时间进行修正。

实现起动加浓的具体方式有以下几种：一种是利用冷起动喷油器和温度时间开关，在冷起动时向进气总管内喷入附加燃油；另一种是由 ECM 直接控制喷油器，在冷起动时延长喷射时间（或者提高喷射压力）；还有一种是在起动时，在同步喷射的基础上增加异步喷射。

如果起动时燃油过多，发动机将难以起动，为此，一些系统设有清除溢油功能。在起动的同时踩下加速踏板，使节气门开度在 $80\%\sim100\%$，ECM 会控制供给稀混合气，以消除燃油过多现象，直到曲轴转速达到规定值（例如 400r/min）。目前，更多的系统在起动时如果节气门开度超过 80%，根本不喷油，其目的也是为了清除溢油。

（2）起动时的点火时刻控制

在起动时，常使用固定的点火提前角进行点火控制，该固定的点火提前角由 ECM 中的备用 IC 设定。还有一些管理系统在发动机起动时，由 ECM 按照 ROM 中的程序控制点火提前角，该点火提前角是曲轴转速和温度的函数。例如 NISSAN 公司生产的发动机，当水温在 0℃ 以上起动时，其点火提前角为压缩上止点前 16°，而当水温在 0℃ 以下时，根据水温的降低值适当地增加点火提前角；当起动转速低于 100r/min 时，为了可靠点火，点火提前角减小，其值为：

$$平常起动时的点火提前角\times起动转速/100$$

（3）急速控制执行机构的起动位置（起动空气流量）

在急速由节气门开度所决定的系统（节气门直动式急速控制系统）中，发动机起动时，

ECU通常要驱动节气门电动机使节气门稍稍打开一个角度,来控制起动空气量。

使用怠速步进电机的怠速控制系统,通常在起动时使步进电机由极限位置(最大或最小步数)转动到由水温决定的位置,来控制起动空气量。使用转阀的怠速控制系统,其起动位置也由ECM来确定。

二、故障检测与诊断

1. 发动机不能起动

（1）故障现象

发动机在有或无着火征兆的情况下,不能起动。

（2）故障的检测诊断与处理

发动机不能起动的故障有两种现象,其可能原因及处理方法分别见表 3-1-1 和表 3-1-2。

表 3-1-1　发动机不能起动且无着火征兆的故障分析与处理

故障现象	故障原因		诊断与排除
起动发动机时,起动转速正常,但发动机不能起动,且无着火征兆	点火系统不点火或火花弱	低压电路工作不良	检查配线、熔断器、插接器、点火开关
		点火线圈工作不良	检查点火线圈有无断路、短路、搭铁
		点火器工作不良	检查点火器内部元件及电路的技术状况
		高压线路工作不良	检查高压电路有无破损、短路、断路
		分火头、分电器盖工作不良	检查分火头、分电器盖是否漏电
		火花塞工作不良	检查火花塞是否烧损、积炭及火花塞间隙
		曲轴位置传感器工作不良	检查传感器配线、插接器是否正常
			检查曲轴位置传感器的技术状况
	输油部分工作不良	油箱无油或供油不畅	检查油箱存油,油箱盖是否畅通
		输油管路堵塞或漏气	检查油管有无破损、接头是否松动
		汽油滤清器堵塞	检查清洗或更换汽油滤清器
		汽油泵不工作或工作不良	检查汽油泵配线、插接器是否正常
			检查继电器、电动机有无断路、短路
			检查安全阀、单向阀是否失效
		油压调节器工作不良	检查膜片、弹簧及密封件的技术状况
	喷油器工作不良	喷油器线路接触不良	检查配线、熔断器、插接器是否正常
		电磁阀工作不良	检查电磁线圈有无短路、断路
		喷油器技术状况不良	检查喷油器喷嘴、喷油器弹簧
		喷油器控制信号不正常	检查 ECU 插接器及工作参数
	进气系统工作不良	空气滤清器堵塞	检查清洗或更换空气滤芯
		进气软管堵塞或漏气	检查进气软管有无破损,连接是否可靠
		进气歧管、汽缸垫密封不良	检查进气歧管、汽缸垫是否漏气
		废气循环阀工作不良	检查配线、插接器是否正常
			检查废气循环阀的技术状况
	汽缸压缩不良	缸盖与缸体不密封	检查汽缸垫是否漏气
		进气歧管与缸体不密封	检查进气歧管是否漏气
		气门与气门座不密封	检查汽缸压力
		活塞与缸套配合间隙过大	检查汽缸压力

表 3-1-2　发动机不能起动,但有着火征兆的故障分析与处理

故障现象	故障原因		故障诊断与排除
起动发动机时,有着火征兆,但是发动机不能起动	火花太弱或点火时间不当	低压电路故障	检查配线、熔断器、插接器、点火开关
		点火器、点火线圈故障	检查点火线圈有无短路、搭铁
			检查点火器内部元件或电器
		高压部分故障	检查高压线有无破损、短路
			检查分电器盖、分火头是否漏电
		火花塞故障	检查烧损、积炭、火花塞间隙
		点火时间不当	检查调整点火正时
	供油压力太低	油管、汽油滤清器堵塞	检查油箱盖是否畅通
			检查油管是否压瘪或破损,连接是否松动
			检查清洗或更换汽油滤清器
		汽油泵工作不良	检查汽油泵磨损情况
			检查继电器、电动机有无短路或烧损
			检查安全阀、单向阀是否失效
		油压调节器工作不良	检查膜片、弹簧及密封元件是否失效
	喷油器工作不良	控制信号不良	检查 ECU 插接器及工作参数
		喷油器技术状况不良	检查电磁线圈有无短路或搭铁
			检查清洗喷油器喷嘴积炭
			检查喷油器弹簧是否失效
	进气漏气或堵塞	空气滤清器堵塞	检查清洗或更换空气滤清器滤芯
		进气软管及接头漏气	检查进气软管有无破损、连接是否可靠
		废气循环阀工作不良	检查配线、插接器、循环阀的技术状况
		进气歧管、汽缸垫密封不良	检查进气歧管、汽缸垫是否漏气
	控制信号不良	空气流量计工作不良	检查空气流量计配线、插接器及技术状况
		水温传感器工作不良	检查水温传感器配线、插接器及技术状况
		ECU 工作不良	检查 ECU 插接器及 ECU 工作参数

对于发动机不能起动的故障,可以参考如下步骤进行诊断。

① 检查油箱内的燃油量,并在点火开关刚刚接通时注意感觉油泵是否运转(有振动、声音)。

② 检测电源电压和起动电路。

③ 连接故障诊断仪,打开点火开关,读取故障码。如有必要,检测相关输入输出信号。

④ 进行跳火试验,检查点火系统有无故障。

⑤ 对油路系统泄压后,用燃油压力表测量系统的燃油压力。

⑥ 检查喷油器的技术状况。

⑦ 用汽缸压力表测量压缩压力,确定汽缸的密封状况。

⑧ 检查调整配气正时。

2. 冷起动困难

(1) 故障现象

发动机冷起动困难。

(2) 故障的检测诊断与处理

发动机冷起动困难、热起动正常的故障分析与处理见表 3-1-3。发动机冷起动困难故障诊断流程如图 3-1-9 所示。

表 3-1-3 发动机冷起动困难、热起动正常的故障分析与处理

故障现象	故障原因		故障诊断与排除
发动机冷起动困难，热起动正常	冷起动喷油量过少	冷却液温度传感器工作不良	检查传感器配线、插接器是否正常
			检查冷却液温度传感器，必要时更换
		冷起动喷油器工作不良	检查冷起动喷油器配线、插接器是否正常
			检查或更换冷起动喷油器
		温度时间开关工作不良	检查温度时间开关配线、插接器是否正常
			检查或更换温度时间开关
	混合气数量不足	怠速控制装置工作不良	检查怠速控制阀配线、插接器是否正常
			检查或更换怠速控制阀

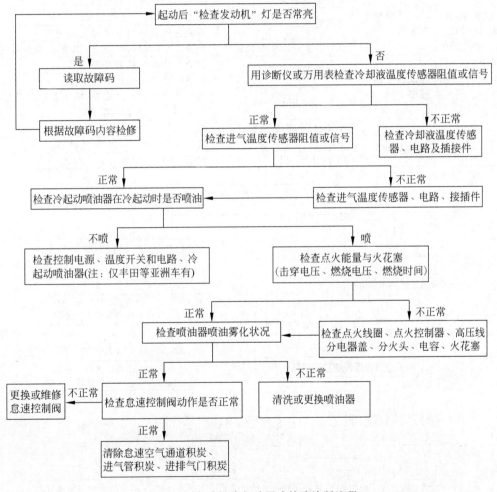

图 3-1-9 发动机冷起动困难故障诊断流程

3. 热起动困难

（1）故障现象

发动机热起动困难。

（2）故障的检测诊断与处理

发动机热起动困难、冷起动正常的故障分析与处理见表 3-1-4。发动机热起动困难故障诊断流程如图 3-1-10 所示。

表 3-1-4　发动机热起动困难、冷起动正常的故障分析与处理

故障现象	故障原因		故障诊断与排除
发动机热起动困难、冷机起动正常	喷油压力过低	油路堵塞或漏油	检查或更换燃油滤清器
			检查油管及接头是否漏油或堵塞
		燃油泵工作不良	检查燃油泵配线、插接器是否正常
			检查油泵磨损、单向阀工作状况
		油压调节器工作不良	检查油压调节器
	进气系统堵塞或漏气	空气滤清器堵塞	清洗或更换空气滤清器滤芯
		进气管漏气	检查软管、接头是否漏气
			检查进气歧管与缸体缸盖的密封
		真空装置、EGR 系统漏气	检查真空管是否松脱、EGR 系统是否漏气
	起动时喷油量过多	喷油器漏油	检查配线和插接器是否正常
			检查喷油器电磁阀有无卡滞
		温度时间开关工作不良	检查温度时间开关配线、插接器是否正常
			检查或更换温度时间开关
	喷油时间修正信号异常	冷却液温度传感器工作不良	检查配线、插接器是否正常
			检查或更换冷却液温度传感器
		ECM 工作不良	检查 ECU 插接器及工作参数

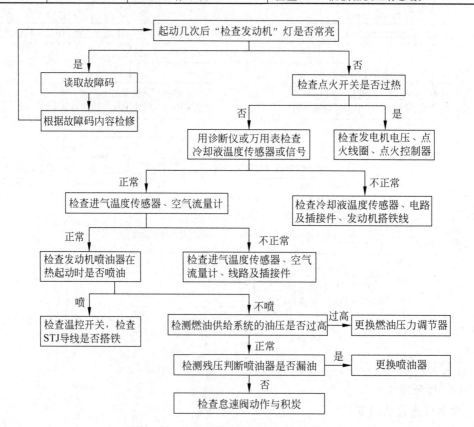

图 3-1-10　发动机热起动困难故障诊断流程

 相关技能

一、准备活动

1. 准备设备

实训车一辆、常用维修工具、诊断仪器。

2. 学生分组

每 5 名学生为一小组，实训时，4 名学生负责检查诊断，1 名学生负责工作过程记录。

二、实施内容

（1）首先检查油箱内的燃油量，并在点火开关刚刚接通时注意感觉油泵是否运转。（有振动、声音）

　　检查结果：＿＿＿＿＿＿＿＿＿＿＿＿＿＿＿＿＿＿＿＿＿＿＿＿＿＿＿＿＿＿＿。

（2）检查蓄电池电压和起动电路是否正常。

　　检查结果：＿＿＿＿＿＿＿＿＿＿＿＿＿＿＿＿＿＿＿＿＿＿＿＿＿＿＿＿＿＿＿。

（3）起动几次后"检查发动机"灯是否常亮。用解码器进行故障自诊断。如有故障码则按故障码查找相应故障原因。

　　检查结果：＿＿＿＿＿＿＿＿＿＿＿＿＿＿＿＿＿＿＿＿＿＿＿＿＿＿＿＿＿＿＿。

（4）如无故障码，检查进气系统是否漏气或堵塞。

检查结果：

① 检查空气滤清器是否堵塞。＿＿＿＿＿＿＿＿＿＿＿＿＿＿＿＿＿＿＿＿＿。

② 检查进气软管及接头是否漏气。＿＿＿＿＿＿＿＿＿＿＿＿＿＿＿＿＿＿＿。

③ 检查曲轴箱通风管是否漏气。＿＿＿＿＿＿＿＿＿＿＿＿＿＿＿＿＿＿＿＿。

④ 如有 EGR 系统，检查 EGR 阀是否损坏。＿＿＿＿＿＿＿＿＿＿＿＿＿＿＿。

（5）检查点火系统有无故障。

① 检查点火正时。

　　检查结果：＿＿＿＿＿＿＿＿＿＿＿＿＿＿＿＿＿＿＿＿＿＿＿＿＿＿＿＿＿＿＿。

② 进行跳火试验，检查高压线、火花塞及其电极间隙。

　　检查结果：＿＿＿＿＿＿＿＿＿＿＿＿＿＿＿＿＿＿＿＿＿＿＿＿＿＿＿＿＿＿＿。

（6）检查燃油供给及燃油压力。

检查结果：

① 检查油管盖是否畅通，油管是否压瘪或破损，燃油滤清器是否堵塞。_____。

② 检查燃油压力。_____。

若静态油压过低，进一步检查燃油泵、燃油滤清器和油压调节器。

若保持油压过低，进一步检查燃油泵、油压调节器和喷油器是否泄漏。

若电动燃油泵最大压力和保持压力过低，更换油泵。

提示：接通点火开关，应该能听到燃油泵起动的声音，若用手捏住输油管应能感觉到油压。

若油泵不工作，检查燃油泵、油泵继电器及油泵控制电路。

（7）检查喷油器及其控制线路。

检查结果：

① 检查喷油器电阻。_____。

② 检查喷油器供电电压（等于蓄电池电压）。_____。

如供电电压不符合要求，检查喷油器线路。

（8）检查传感器是否正常。

检查结果：

① 检查空气流量计是否工作不良。_____。

② 检查冷却液传感器是否工作不良。_____。

③ 检查进气温度传感器是否工作不良。_____。

三、故障排除结果验证

检查故障现象是否消失。

检查结果：_____。

 知识与技能拓展

桑塔纳 2000 GSi 型轿车电控燃油喷射系统的检修如下。

一、燃油系统的元件检测

1. 燃油泵的测试

（1）测试燃油泵工作状况

① 测试条件。蓄电池电压正常，燃油泵保险丝正常，燃油滤清器正常。

② 接通点火开关。应该能够听到燃油泵起动的声音。

③ 如果燃油泵没有起动，应关闭点火开关，从中央线路板上拔下燃油泵继电器，使用

接头导线 V. A. G1348/3-2 将遥控器 V. A. G1348/3A 接到燃油泵继电器的触点和蓄电池正极端子上,起动发动机。如果燃油泵工作,应检查燃油泵继电器。

④ 燃油泵继电器(J17)在中央电器继电器板 2 号位,如图 3-1-11 所示,燃油泵继电器保险丝在保险丝盒 5 号位,S5＝10A。燃油泵继电器控制着燃油泵、喷油器、空气质量计、碳罐电磁阀和加热氧传感器的电压供应。检查前应确保蓄电池电压正常,燃油泵继电器保险丝正常。用测试线短接测试盒上端子 2 和端子 4,如图 3-1-12 所示,接通点火开关,燃油泵继电器必须有动作声,否则检查燃油泵继电器线路,如果线路正常,更换燃油泵继电器。

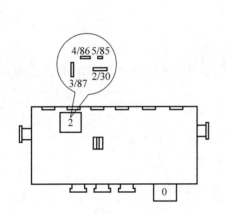

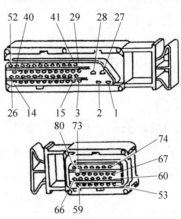

图 3-1-11　燃油泵继电器位置　　　　　图 3-1-12　测试盒端子图

⑤ 如果燃油泵继电器良好,燃油泵仍然不工作,打开行李箱饰板,从密封凸缘拔下 3 个端子的导线插头。起动发动机,用万用表测量导线上端子 1 和端子 3 之间的电压,如图 3-1-13所示。电压的额定值约为蓄电池的电压(12V 左右)。

如果电压额定值没有达到,则根据电路图查找并消除电路中的断路故障;如果达到额定值,旋下密封凸缘紧固大螺母,检查密封凸缘和燃油泵之间的导线是否有断路故障,如图 3-1-14 所示。如果没有发现断路情况,说明燃油泵有故障,应更换燃油泵。

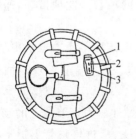

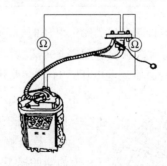

图 3-1-13　燃油泵线束插头　　　　　图 3-1-14　检查密封凸缘与燃油泵导线是否有断路故障

(2) 测量燃油泵供油量

① 测试条件。蓄电池电压正常,燃油泵保险丝正常,燃油滤清器正常。

② 关闭点火开关。

③ 使用接头导线 V. A. G1348/3-2 将遥控器 V. A. G1348/3A 接到燃油泵继电器的

触点和蓄电池正极端子上。

④ 从燃油分配管上拔下输油管。燃油系统是有压力的,在打开系统之前先在开口处放置抹布,然后小心地松开接头以释放压力。

⑤ 将压力表 V. A. G1318 及接头 V. A. G1318/10 连接到输油管上。

⑥ 将软管 V. A. G1318/1 接到压力表的接口 V. A. G1318/11 上,并伸到量杯内。

⑦ 打开压力表的截止阀(使其接通)。

⑧ 操作遥控器 V. A. G1348/3A,缓慢关上截止阀,直到压力表上显示 0.3MPa 的压力,然后保持这一位置。

⑨ 排空量杯,将遥控器接通 30s。

⑩ 将排出的油量与额定值相比较。额定值应大于 0.58L/30s。

如果没有达到最低的输油量,故障原因可能为输油管弯曲或阻塞、燃油滤清器阻塞、燃油泵故障等。

2. 检查喷油器

(1) 发动机运转时,用手指接触喷油器,应可察觉到喷油脉动。

(2) 检查喷油器电阻值,应符合表 3-1-5 中规定的标准。

表 3-1-5　燃油供给系统数据

发动机代号	AJR	
急速转速(不能调整)	(800±30)r/min	
断油(最高)转速	6400r/min	
急速时燃油供给系统压力	连接油压调节器真空管	(250±20)kPa
	取下油压调节器真空管	(300±20)kPa
熄火 10min 后燃油系统保持压力	大于 150kPa	
喷油器电阻值(正常油压下,每分钟漏油不应多于 2 滴)	喷油器形式	4 孔喷油器
	30s 喷油量	78~85mL
	室温时电阻	13~18Ω
	发动机达到恒定工作温度时电阻会增加 4~6Ω	

(3) 喷油器拆下后,通 12V 电压时,应可听到接通和断开的声音。此项试验,通电时间应不大于 4s,再次试验应间隔 30s,以防喷油器发热损坏。

(4) 测量喷油器供电电压。打开点火开关时,端子 1 对地电压应等于蓄电池电压,如图 3-1-15 所示。如果符合要求,则应检查端子 1 到附加保险丝 S 间的线路有无断路或接触不良。

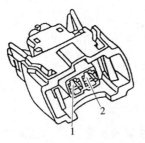

图 3-1-15　检查喷油器

1,2—端子

(5) 检查喷油器的滴漏。拔下燃油压力调节器上的真空管和喷油器的插头及霍尔传感器的插头,从进气歧管上拆下燃油分配管连带四个喷油器,将 4 个喷油器头部放入 V. A. G1602 喷油器喷射速率测试仪的 4 个量杯内,把喷油器的一个触点与 V. A. G1594 测试线连接,测试线另一端夹住发动机接地点,把喷油器的另一个触点与 V. A. G1348/A 遥控开关、V. A. G1348-2 相配的导线连接,导线另一端夹住蓄电池的正极。用 V. A. G1552

进入功能码03"执行元件诊断",燃油泵运转,目测每个喷油器的滴漏。油泵运转时,每个喷油器在1min内允许滴油1～2滴,否则应更换喷油器。

（6）再次进入最终诊断,必须关闭点火开关2s后再打开。按下V.A.G1348/3A遥控开关的按钮30s,用同样的方法测量喷油器在测量杯内的喷油速率。规定值为70～80mL,如果不符合要求,检查燃油压力或喷油器。测试喷射速率的同时,可检查喷射形状,所有喷射形状应相同。

二、燃油系统检修注意事项

1. 油管的连接

（1）将接头螺栓连接到高压油管接头时,务必采用新垫片以保证接头的密封性。先用手拧紧接头螺栓,再用专用工具拧紧到规定力矩。

（2）将接头螺母连接到高压油管接头上时,应在油管端部的喇叭口处涂一层润滑油。先用手拧紧接头螺母,再用专用工具拧紧到规定力矩。

2. 维修后的查漏

对燃油系统维修后,应确认无渗漏现象。可以短接油泵电源并夹住回油软管,在高压下检查是否有泄漏。注意不可折叠回油软管,否则会使软管开裂。

3. 一次性元件的更换

燃油软管的夹箍不可重复使用。

O形密封圈不可重复使用。O形密封圈安装前,需用燃油、发动机机油或自动变速器油进行润滑。注意切勿使用硅润滑油、齿轮油或制动液润滑O形圈,防止密封圈变形或损坏。安装O形密封圈时,一定要小心防止损坏。

诊断案例

一、故障现象

一辆新的桑塔纳2000 GSi型轿车,冷车时发动机很难起动,热车时则工作很好。

二、故障诊断

首先用V.A.G1552诊断仪进行故障阅读,结果ECU没有故障码存储;接着进行数据块测试,着重查看水温和进气温度显示情况,分别显示102℃和39℃,正常;再查喷油压力,也正常。

因为是冷车时出现故障,所以在第2天早晨起动前进行测试。首先还是测试冷却液温度和进气温度显示情况,结果分别显示415℃和3℃。当时环境温度在1℃左右,因汽车停留一夜未起动,两个温度读数应当和环境温度相差不多。显然冷却液温度传感器可能损坏。检查冷起动时的燃油压力,其值在265kPa左右,正常。

三、故障排除

更换新的冷却液温度传感器,再用 V.A.G1552 诊断仪读取冷却液温度,显示 4℃,正常。此后进行冷车起动,一次起动成功。

四、故障点评

故障就在冷却液温度传感器。由于传感器错误地感知冷却液温度,致使 ECU 把冷车起动当作热车起动。新型桑塔纳轿车现已不装冷起动喷油器,冷起动时全靠 ECU 根据冷却液温度传感器提供的冷却液温度信号,控制喷油器加宽喷油脉冲,即增加喷油量,以提供冷起动时所需的浓混合气。该车因没有供给足够浓的混合气,故难以起动。

项目 3.2　汽车行驶跑偏的故障诊断

 **项目要求**

(1) 能通过与客户交流、查阅相关维修技术资料等方式获取车辆信息。
(2) 通过查阅资料和观摩,掌握汽车行驶跑偏的故障原因。
(3) 掌握汽车行驶跑偏故障诊断流程。
(4) 能根据环保要求,妥善处理辅料、废弃液体和已损坏零部件。

 项目载体

1. 故障案例

桑塔纳 2000 型轿车,行驶时,不能保持直线方向,而自动偏向一边。检查两侧轮胎气压基本一致,为什么会自动跑偏呢? 是行驶系统、制动系统出了问题,还是底盘、车架变形呢?

2. 故障分析

汽车行驶中自动跑偏的原因涉及行驶系统、制动系统、四轮定位以及车辆底盘或车架是否变形等因素,因此需要熟悉行驶系统、制动系统、四轮定位、车架定位等技术参数,这些技术参数和各系统的技术状态,都将影响汽车的直线行驶性能。

 **项目链接**

一、相关知识

1. 转向轮定位参数

为了保证汽车直线行驶的稳定性和操纵的轻便性,减少轮胎和其他机件的磨损,转向轮、转向节和前轴三者与车架的安装应保持一定的相对位置关系,这种安装位置关系称为转向轮定位,也称前轮定位。转向轮定位包括主销后倾、主销内倾角、车轮外倾及前轮前束四个参数。

(1)主销后倾

主销安装在前轴上,其上端略向后倾斜,这种现象称为主销后倾。在垂直于汽车支承平面的纵向平面内,主销轴线与汽车支承平面垂线之间的夹角 γ 称为主销后倾角,如图 3-2-1 所示。

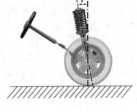

主销后倾的功用是形成回正力矩,保证汽车直线行驶的稳定性,并使汽车转向后回正操纵轻便。

(2)主销内倾角

主销安装在前轴上,其上端略向内侧倾斜,这种现象称为主销内倾。在垂直于汽车支承平面的横向平面内,主销轴线与汽车支承平面垂线之间的夹角 β 称为主销内倾角,如图 3-2-2 所示。

图 3-2-1 主销后倾角

主销内倾的功用是使转向轮自动回正,并使转向操纵轻便。

(3)车轮外倾

转向轮安装在转向节上时,其旋转平面上端向外倾斜,这种现象称为转向车轮外倾。车轮旋转平面与垂直于车辆支承面的纵向平面之间的夹角 α 称为车轮外倾角,如图 3-2-3 所示。

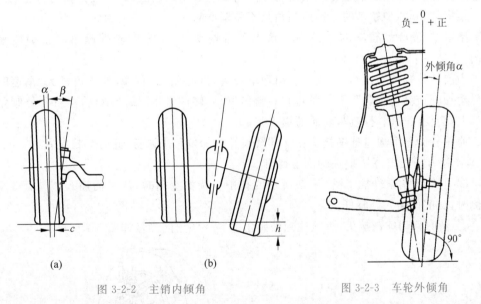

(a)	(b)	

图 3-2-2 主销内倾角　　　　　图 3-2-3 车轮外倾角

车轮外倾角的功用是提高车轮工作的安全性和转向操纵的轻便性。

(4)前轮前束

车轮安装在车桥上,两前车轮的中心平面不平行,其前端略向内侧收束,这种现象称为前轮前束。两前轮后端距离 A 大于前端距离 B,其差值 $(A-B)$ 称为前轮前束值。如图 3-2-4 所示。

前轮前束的功用是消除因车轮外倾所造成的不良后果,保证车轮不向外滚动,防止车

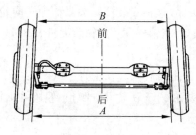

图 3-2-4　前轮前束

轮侧滑和减轻轮胎的磨损。

2. 车轮定位的检查和调整

在前桥进行拆装后,有必要对前轮定位进行检查和调整。

（1）准备工作

检查前轮定位前,车辆应先满足以下条件。

① 车轮无负载,轮胎气压符合规定。

② 车轮正确调试,悬架活动自如。

③ 转向器调整正确,前悬架中无大的间隙和损坏。

④ 桑塔纳2000型轿车前轮定位最好使用光学测量仪。如果没有,检查前轮外倾角可用专用3021量角器,检查前束可用机械轮距测试器。

⑤ 桑塔纳2000型轿车前轮定位,仅前束和前轮外倾角可调整。调整应在车辆行走1000～2000km后,螺旋弹簧的长度基本定型的情况下,测量调整最为适宜。

（2）前轮外倾角的调整

由于主销后倾和前轮外倾角的改变会引起前束的改变,而前束的变化不会影响主销后倾角和前轮外倾角,所以前轮定位的检查和调整顺序是:首先检查和调整主销后倾角和左右轮的差值,然后检查和调整前轮外倾角和左右轮的差值,最后检查和调整前束。

桑塔纳2000型轿车的主销后倾角是不能调整的。

桑塔纳2000型轿车的主销内倾角也不可调整,它是靠前轮外倾角的正确性来保证的。

当前轮外倾角不正确时,轮胎会出现单边磨损（吃胎）。另外,外倾角过大,高速时车身晃动加剧,转向发"飘",不易掌握;外倾角过小,转向太沉,回位不良,左右轮外倾角差值过大,会使汽车侧滑跑偏,轮胎磨损不匀。

前轮外倾角可通过球销接头在下摇臂长孔中的位移来调整,此时车轮应着地。

① 松开下摇臂球销接头的固定螺母。

② 把外倾调整杆插于图3-2-5所示的孔中。调整左侧时,从后面插入调整杆;调整右侧时,从前面插入调整杆。

③ 横向移动球销接头,直至达到外倾角值。外倾角的测量如图3-2-6所示。

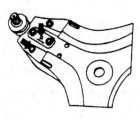

图 3-2-5　插入外倾调整杆

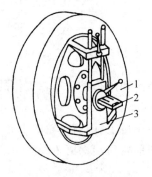

图 3-2-6　测量车轮外倾角
1—被测车轮；2—水准仪；3—固定支架

④ 紧固螺母并再次检查外倾角值,必要时调整。

⑤ 检查,并在必要时调整前束。

(3) 调整前束(用光学测量仪和专用工具3075调整前束)

① 将转向器置于中间位置。旋出中间轴盖上的螺栓,如图3-2-7所示。

② 将带有挂钩B的专用工具安置在左横拉杆的紧固螺母上,如图3-2-8所示。

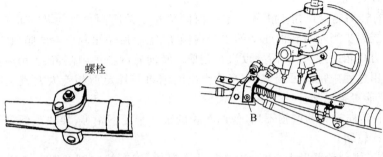

图 3-2-7　拧出盖上的螺栓　　　　图 3-2-8　调整前束

③ 用提供的螺钉和作衬垫的间隔件固定到标有"C"记号的转向器孔中。注意不得使用一般螺钉,因为太短会碰坏方向盘的螺纹。

④ 总前束值分为两部分,分别在左右横拉杆上调整。调整前束横拉杆的分解图如图3-2-9所示。

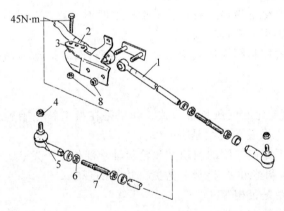

图 3-2-9　调整前束横拉杆的分解图

1—左横拉杆;2—右横拉杆;3—支架;4、8—自锁螺母;

5—球接头;6—锁紧螺栓;7—调整前束双头螺栓

⑤ 固定横拉杆。必要时调整方向盘。

⑥ 拆掉专用工具3075,重新拧紧盖上螺栓,拧紧力矩为20N·m。

二、故障检测与诊断

(1) 故障现象

汽车正常行驶,不踩制动时,必须紧握方向盘才能保持直线行驶。若稍有放松方向盘,汽车会自动偏向一边行驶。

（2）故障主要原因及处理方法

造成汽车行驶跑偏的原因一般是汽车车轮的相对位置不正确，两侧车轮受到的阻力不一致。

① 转向轮左右轮胎气压不一致。气压低的轮胎滚动半径小，汽车会自动向轮胎气压低的一侧偏转，以致汽车自动跑偏。平时应注意检查左右转向轮轮胎气压，气压不足时应及时按标准补足气。

② 左、右转向轮定位角不相等。主销内倾角和主销后倾角可使转向轮自动回正，保持直线行驶能力。当左右转向轮上的主销内倾角、主销后倾角及车轮外倾角相差太大时，会使其稳定力矩相差过大，从而导致汽车跑偏。转向轮的主销内倾角、主销后倾角及车轮外倾角在使用过程中是不可调整的，当检查出的结果与规定值相差太大或左右轮的值相差太大时，只能更换悬架。

③ 左、右转向轮轮胎磨损不均，使两车轮的滚动半径不相等，导致车辆跑偏。进行轮胎换位或更换轮胎。

④ 同轴一侧制动器发卡，使该侧有制动力存在，汽车就向制动器发卡的一侧自动跑偏。检查制动盘与制动钳摩擦块之间的间隙，间隙过小时应进行调整；若无法调整到正常状况，应更换制动钳内轮缸活塞密封橡胶圈。

⑤ 汽车装载质量不均匀，左右相差太大，使左右转向轮的行驶阻力相差过大，导致汽车自动跑偏。调整装载质量，尽量使车辆装载均匀。

⑥ 转向杆系变形，应予校正或更换。

⑦ 前轮毂轴承调整不当，左、右轮毂轴承松紧度不一致，应予调整。

⑧ 汽车两边的轴距不等，应予调整。

⑨ 动力转向系统控制阀损坏或密封环弹性减弱，阀芯运动不畅或偏离中间位置，应予调整或更换等。

（3）故障诊断方法

① 检查左、右前轮轮胎气压是否一致。如果是在换上新轮胎后出现跑偏现象，则应检查左、右轮胎规格以及轮胎花纹是否一致。

② 用手触摸一下跑偏一侧的制动鼓和轮毂轴承部位是否发热。若发热，说明制动拖滞或是车轮轮毂轴承调整过紧，造成一边紧一边松的现象。

③ 测量左右轴距是否相等。

④ 检查前钢板弹簧有无折断，前轴是否变形。

⑤ 若以上均正常，应对前轮定位进行检查调整。

按图 3-2-10 所示汽车行驶跑偏故障诊断流程找出故障。

 相关技能

一、准备活动

1. 准备设备

实训车一辆、常用维修工具、诊断仪器。

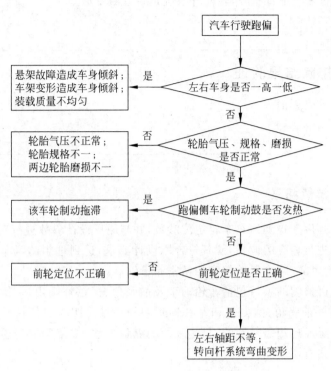

图 3-2-10　汽车行驶跑偏故障诊断流程

2. 学生分组

每 5 名学生为一小组，实训时，4 名学生负责检查诊断，1 名学生负责工作过程记录。

二、实施内容

（1）检查左右车身是否一高一低，如果是，检查悬架有无故障，车架是否变形，整车装载质量是否均匀。

检查结果：_____。

（2）检查轮胎气压、规格、磨损是否正常。

检查结果：_____。

（3）检查跑偏侧车轮制动鼓是否发热。

检查结果：_____。

（4）检查前轮定位是否正确。

检查结果：_____。

（5）检查左右轴距是否相等，转向杆系统是否弯曲变形。

检查结果：_____。

三、故障排除结果验证

检查故障现象是否消失。

检查结果：_____。

知识与技能拓展

四轮定位仪是用于检测汽车车轮定位参数，并与原厂设计参数进行对比，指导使用者对车轮定位参数进行相应的调整，使其符合原设计要求，达到理想的汽车行驶性能，即操纵轻便、行驶稳定可靠、减少轮胎偏磨的精密测量仪器。

四轮定位仪可检测的项目包括车轮前束及前张角、车轮外倾角、主销后倾角、主销内倾角、转向 20°时的前张角、推力角和左右轴距差等。尽管四轮定位仪的种类多种多样，但它们的基本测量原理却是一致的，只是采用的测量方法（或使用的传感器类型）及数据记录与传输的方式有所不同。

一、四轮定位

四轮定位参数超出正常值不仅导致转向沉重，轮胎磨损加剧，汽车油耗增大等故障，还会导致汽车操纵稳定性、行驶安全性变差，所以应定期对汽车进行四轮定位的检测。

（1）直线行驶困难：转向沉重、发抖、跑偏、不自动复位，驾驶时车感飘浮、颠颤、摇摆等不正常的驾驶感觉。行驶中方向盘不正或行车方向出现跑偏现象。

（2）轮胎出现不正常磨损：单边磨损、波状磨损、块状磨损、偏磨等。

（3）汽车更换悬架系统或转向系统有关部件。

（4）前部经碰撞事故维修后。

二、四轮定位的检测方法

1. 仪器结构

四轮定位仪由四轮定位仪主机（控制台）、测量传感器、夹具、转角盘、方向盘固定架、制动踏板压紧器、充电线等组成。

（1）控制台

控制台主要由机柜（轮夹挂架、总电源开关、电源插排、开关电源和充电电缆）、计算机系统、打印机和无线通信盒组成。

注意：测量探头不同时，请正确放置在控制台两侧，并确保探头处于充电状态。

（2）无线通信盒

使用前需要把无线通信盒连接电缆的 RS-232 端插入计算机主机的 RS-232 接口内，

USB端接入计算机主机的USB接口内。

（3）通用轮夹

配有四个相同的轮夹,通过旋转轮夹上的旋钮上下移动支架来满足不同的车轮尺寸。

使用时,两个较低的轮缘爪固定车轮轮夹,下轮缘爪结合在轮缘边缘上,上边两个轮缘爪与车轮上边的车轮轮缘平齐。确定四个轮缘爪结合到车轮轮缘后,用力把车轮轮夹压紧在车轮上,同时反向旋紧轮夹上的旋钮,确定轮夹固定在车轮上。拉动轮夹,确保轮夹固定牢靠。

（4）方向盘固定架

固定车辆方向盘,防止方向盘在测试过程中出现转动。

（5）制动踏板压紧器

压紧车辆制动踏板,防止车辆在测试过程中出现移动。

2. 检测前的准备

（1）把汽车开上举升平台,托住车轮,把汽车举升0.5m(第一次举升)。

（2）托住车身,把汽车举升至车轮能自由转动(第二次举升)。

（3）检查轮胎磨损情况,要求各轮胎磨损基本一致。

（4）检查轮胎气压,使其符合标准值。

（5）作车轮动平衡试验,动平衡完成后,将车轮装回车上。

（6）检查车身四个角的高度和减振器技术状况,如果车身不平应先进行调整,同时检查转向系统和悬架是否松旷,如松旷则应先紧固或更换零件。

（7）降下二次举升。

（8）接入220V电源,但尚不要开启四轮定位仪主机柜后面板开关。

（9）将传感器支架安装在轮辋上,传感器安装到支架上并调整水平。

（10）分别将4根电缆线连接到4个传感器的接线插座上。

（11）调整传感器处于水平状态,使面板上的水准仪气泡位于中间位置。

（12）操纵举升器二次举升被测车辆,使其车轮离开一次平台50mm。

（13）松开驻车制动器,使前、后车轮转动自如。

3. 操作步骤

（1）开机及车型选择

起动计算机,运行四轮定位仪专用软件,显示器屏幕出现系统主界面和主菜单。一般显示包括客户信息、车型选择、系统设定和帮助等项目。客户信息可以任意选择要输入的项目,车型选择选定后可显示该车型的标准数据。

（2）轮辋偏摆补偿

偏摆补偿后,拉紧驻车制动器,用制动踏板固定杆固定制动踏板,防止车辆落下后滑动。慢慢放下车辆,用力压几次车身前部和后部,使汽车车轮处于自由状态。如果车辆轮辋良好,可以跳过补偿程序直接进行测量调整。

三、定位检测

进入定位检测程序后,屏幕上会出现方向盘对中提示图案。先使方向盘对中,此时进行前轮前束、后轮前束的测量,同时测出车轮外倾角。

按照提示,用方向盘转动前轮向右转 10°或 20°,用键盘或传感器机头的按键进行确认,再向左转动前轮 10°或 20°,并进行确认,最后回到对中位置,即初始位置,再进行确认。

系统通过测量转向时左右两个转角位置的目标值,测出主销内倾角、主销后倾角。注意:在转向时,车轮的转动将影响以上测量结果,必须锁好制动踏板固定杆。在以上过程中,禁止调整已经设定好的传感器水平位置,且转角盘归 0°,传感器水平泡应处于中心位置。

测量结束后,屏幕自动显示出所有的测量数据。如果测量出的数据中,可调数据有超出允许范围的,则可进入到定位调整的步骤。

一、故障现象

帕萨特 B5 1.8T 轿车行驶时跑偏。

二、故障诊断

车辆行驶时跑偏的原因如下。

(1) 前轮左、右轮胎气压不一致。

(2) 前轮制动器分离不彻底。

(3) 转向拉杆球头松旷。

(4) 前轮定位不准。

(5) 前减振器失效。

(6) 车身或车架变形。

按上述故障原因进行检查,结果发现右前减振器漏油。

三、故障排除

更换右前减振器后故障排除。

四、故障点评

减振器漏油不仅会使车辆在行驶中跑偏,而且车辆在不平路面行驶时会发出异响,严重影响车轮定位,加速轮胎的磨损,因此,维修中要多加注意。

参 考 文 献

［1］闵永军,等.汽车故障诊断与维修技术［M］.北京：高等教育出版社,2012.

［2］于志友.汽车检测与故障诊断［M］.北京：机械工业出版社,2012.

［3］杨艳芬.汽车底盘构造与维修［M］.北京：中国人民大学出版社,2010.

［4］罗福坤.汽车故障诊断技术［M］.北京：化学工业出版社,2009.

［5］张吉国.汽车典型电控系统的结构与维修［M］.北京：机械工业出版社,2009.

［6］张建俊.汽车检测技术［M］.北京：高等教育出版社,2008.

［7］丁问司,等.桑塔纳车系维修图解［M］.北京：机械工业出版社,2007.

［8］郑劲,等.汽车发动机构造与维修［M］.北京：化学工业出版社,2010.

［9］周翼翔,等.汽车故障诊断与维修［M］.成都：西南交通大学出版社,2013.